KB069632

쉽게 풀어 쓴
MMPI-2/A

해석상담 및 심리상담에서의 적용

성태훈 저

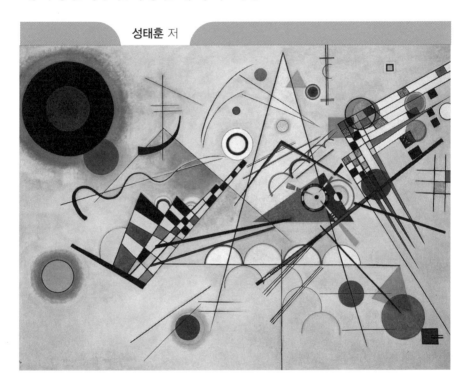

EASY MMPI-2/A
APPLICATION TO INTERPRETATION AND COUNSELING

학지사

시작하며: 심리라는 음악의 미술적 표현, MMPI

바실리 칸딘스키(Wassily Kandinsky)의 〈Composition VIII〉
(1923년 캔버스에 유채, 140*201, 미국 뉴욕 구겐하임 미술관)

MMPI는 가히 최고의 심리검사라고 할 수 있다. 모든 검사를 강의할 때마다 진심으로 그 검사가 정말 좋은 검사라고 말하기는 하지만, 그중에서도 MMPI는 현존하는 심리검사 중 가장 완성도가 높은 검사라고 생각한다. 실제적인 활용에서는 말할 것도 없고, 이론적인 타당성까지도 가장 잘 갖추어져 있으며[이 부분에 대해서는 학지사에서 출간된 『MMPI-2 해설서』(유성진 외 공역, 2020)를 참고하기 바란다], 시대의 변화에 맞추어 계속해서 진화하고 있다(미국에서는 2021년에 MMPI-3가 출시되었다).

MMPI는 정신건강 분야에서 가장 많이 알려져 있고, 가장 많이 사용되고 있는 검사이다. 그러나 초심자가 해석하기가 그렇게 쉽지만은 않은 검사이기도 하다. 객관적 검사의 대표주자이지만, 이론적 타당성보다는 임상적 경험에 바탕을 두고 만든 검사이기 때문에 MMPI를 해석하는 데 있어서 일정 부분 예술적인 수준의 전문적 기교(?)가 필요하다. 가장 흔한 예로, 2번 척도는 우울증 척도인데, 우울증과 직결시켜서 생각하면 안 된다고 매뉴얼에서 말한다. 그리고 8번 척도는 조현병 척도인데, 8번이 높아도 조현병이 아닌 경우가 비일비재하다. 아니, 그러면 이 척도 자체가 잘못된 것 아닌가 하는 혼란에 빠질 만하다.

앞에서 언급한 경우들 때문에 초심자들이 힘들어하는 경우가 많은데, 이러한 문제가 생기는 이유는 MMPI의 근본적인 원리를 이해하지 못했기 때문이다. MMPI는 전쟁이라는 급박한 위기 상황에서 지극히 현실적인 판단을 하기 위해 만든 도구이다. 당연히 이론적 타당성보다는 당장 전쟁에서 문제가 될 사람을 빨리 감별하는 것이 중요했고, 오로지 문제가 있는 사람과 없는 사람을 구분할 수 있는 문항을 우선적으로 뽑았다.

간단히 말해서, 1번 척도는 건강염려증이 있는 사람과 없는 사람을 구분하는 문항들로 구성되어 있다. 그런데 건강염려증이 있는 사람은 건강염려증만 있을까? 그렇지 않다. 건강염려증이 있으면 그와 관련된 다양한 심리적 특성을 동반할 가능성이 높다. 이해를 돕기 위해서 단순화하여 보겠다. 건강염려증에 관련된 심리적 특성이 10개라고 하고, 각 특성이 10개씩의 문항으로 구성되어 있다고 하면(MMPI의 문항 구성은 실제로 이보다 복잡하고 다양하다), A라는 사람은 10개 특성 중에서 1, 2, 3번의 특성이 높아서 척도가 상승할 수 있고, B라는 사람은 4, 5, 6번의 특성이 높아서 척도가 상승할 수 있다. 또 똑같이 1번 특성이 높은 경우에도 1, 2, 3번 문항이 높을 수도 있고, 4, 5, 6번 문항이 높을 수도 있다. 또한 심리적으로는 건강염려증 경향이 높은 사람이더라도, 다른 방어기제를 더 많이 사용하는 경우에는 신체증상이 두드러지게 나타나지 않을 수도 있다. 결국 건강염려증을 일으키는 성격적 요인, 건강염려증에 동반되는 심리적 현상, 건강염려증에 영향을 미칠 수 있는 외부적 요인 등 다양한 부분에 대한 이해가 있어야 비로소 1번 척도를 제대로 해석할 수 있는 것이다. 따라서 MMPI 해석을 잘하려면 관련된 정신병리에 대한 폭넓은 이해가 필수적이다.

　다행히 각 척도마다 가장 핵심이 되는 내용들이 어느 정도는 고정적인데, 이를 '기본차원'이라고 한다. 1번 척도에 10개의 특성이

있다고 할 때, 그 뿌리가 되어 주된 영향을 주는 핵심 특성이 있
다는 것이다. 이 기본차원을 숙지하고 있으면 MMPI 해석에 날개
를 달 수 있다. 보통 가장 어려워하는 해석은 임상척도가 40T에서
60T 사이에 있을 때의 해석이다. 4번 척도가 임상척도들 중에서
상대적으로 가장 높은 척도인데, 55T일 때 '당신의 반사회적 경향
이 평균보다 아주 약간 높습니다'라고 하면 될까? 그리고 6번 척
도가 75T로 확실히 높은 수검자에게 '당신은 편집증적 경향이 강
하고, 적대적이며, 의심이 많습니다'라고 책에 나온 대로 말해 주
면 어떤 일이 생길까? 1번 척도가 40T일 때는 '신체화 경향성이
낮습니다'라고 하면 이 말을 들은 내담자는 앞으로 어떻게 행동해
야 하는 것인가?

앞의 고민들을 한번에 해결해 줄 수 있는 것이 '기본차원'이다.
4번 척도의 기본차원은 주장성이다. '당신은 자기주장 경향성이
강합니다'라고 해석을 시작하면 된다. 6번 척도의 기본차원은 호
기심이어서 '당신은 호기심이 많습니다'라고 시작하면 된다. 1번
척도의 기본차원은 신중성이니 '당신은 신중성이 좀 부족할 수 있
습니다'라고 시작하면 된다. 물론 각 기본차원에서 정신병리의 다
양한 특징으로 이어지는 부분에 대해서 추가 설명이 필요하지만,
기본차원에서 해석을 시작할 때 해석상담에서의 부담이 덜어지
고, 다양한 변수에 대응이 가능하며, 개선을 위한 대안을 찾아내
기도 용이하다.

기본차원은 2개 이상의 척도가 동반 상승할 때 적용하는 묶음 해석, 소위 프로파일 해석에서도 활용도가 높다. 나는 프로파일 해석을 별로 좋아하지 않는다. 초심자들은 3-4 프로파일인 경우, 책에서 3번과 4번 척도를 찾아서 거기에 있는 내용을 그냥 옮겨 적어 온다. 물론 공부를 거기서부터 시작해야 하는 것은 맞지만, 실전 해석에는 별 도움이 되지 않는 추상적 단어의 나열이기가 쉽다. 책에 정리되어 있는 내용은 전문가들이 나름대로의 근거를 가지고 정리해 놓은 것인데, 그 원리를 이해하지 못하고 그냥 내용만 가져다 쓰게 되면 피상적인 해석이 될 수밖에 없다.

3번 척도의 기본차원은 '표현'이고, 4번 척도의 기본차원은 '주장성'이다. 조금 더 깊이 있게 보면, 3번이 높은 사람은 애정을 구하기 위해서 감정 표현을 잘하고, 4번이 높은 사람은 손해를 보기 싫어서 자기주장을 잘하는 사람이다. 책에 쓰여 있는 3-4 프로파일의 해석은 이 두 가지 특성이 높을 때 나타나는 다양한 경우를 써 놓은 것이다. 한 사람이 그 많은 다양한 경우에 모두 들어맞는 경우는 잘 없다. 그 다양한 특성 중에서도 수검자에게 가장 맞는 표현을 찾아야 한다. 이를 위해서는 책에 나온 3번과 4번 척도의 내용뿐만 아니라 MMPI 내에서 다른 척도와의 관련성을 살피고, 더 넓게는 MMPI 이외의 다른 검사 결과나 다른 임상적 정보까지 고려하여 판단해야 한다.

기본차원을 이해한다는 것은 각 임상척도의 근본원리를 이해하는 것이고, 이는 MMPI를 마치 칸딘스키의 미술작품처럼 음악 (소리)의 미술적 표현으로 보게 만든다. 각 기본차원이 악기가 되어 관현악을 연주하는데, 이것이 시각적으로 표현된 것이 MMPI 이다. 각 임상척도들은 대부분 심각한 정신병리 상태와 연결되어 있다. 개별 악기에 대한 이해가 높은 사람이 관현악 전체를 더 잘 즐길 수 있고 각 재료와 구성 요소를 잘 이해하고 있는 사람이 미술작품을 더 잘 즐길 수 있는 것처럼, 기본차원과 관련된 심리과정에 대한 이해가 커질수록, 이 멋진 '심리 관현악 미술작품'을 더 즐겁게 감상할 수 있을 것이다. 부디 즐거운 관람이 되기를 바란다.

성태훈

※ 이 책은 저자가 임상 및 상담 장면에서 경험한 것을 토대로 작성한 것입니다. 따라서 임상군이 아닌 다른 집단(예: 직원 선발)에 사용할 때는 이 책에 따라 해석을 하는 데 주의가 필요합니다.
※ 출판을 허락해 주신 학지사와 편집을 맡은 박지영 대리님께 감사드립니다.

🌸 차례

◇ 시작하며: 심리라는 음악의 미술적 표현, MMPI … 3

Chapter 01 MMPI-2에 대한 이해 • 13

1. MMPI-2 해석 맛보기 ········ 15

2. MMPI-2의 특징 ········ 17

3. 검사 실시 ········ 32

Chapter 02 타당도 척도 • 35

1. 타당도의 개념 ········ 37

2. 무응답에 대한 해석 ········ 38

3. F 척도[F, F(B), F(P), F1, F2]: 고통감, 비전형적 반응 경향

········ 42

4. FBS 척도: 부정왜곡 척도(증상 타당도 척도) ········ 52

5. L 척도: 구체적 사고, 관습적 사고, 미숙한 사고 ········ 53

6. K 척도: 세련된 자기방어, 자기애적 경계심 ········ 61

7. S 척도: 자기만족 ········ 65

8. VRIN 척도, TRIN 척도: 비일관성 ········ 66

Chapter
03 임상척도 • 69

1. 1번 척도: Hs(hypochondriasis) ········ 73
2. 2번 척도: D(depression) ········ 82
3. 3번 척도: Hy(hysteria) ········ 86
4. 4번 척도: Pd(psychopathic deviate) ········ 95
5. 5번 척도: Mf(masculinity-femininity) ········ 102
6. 6번 척도: Pa(paranoia) ········ 110
7. 7번 척도: Pt(psychasthenia) ········ 117
8. 8번 척도: Sc(schizophrenia) ········ 121
9. 9번 척도: Ma(hypomania) ········ 126
10. 0번 척도: Si(social introversion) ········ 130
11. 프로파일 해석 ········ 135

Chapter
04 다양한 소척도-성인 • 139

1. 임상 소척도(Harris-Lingoes 척도) ········ 142
2. 재구성 임상척도 ········ 169
3. 성격병리 5요인 척도 ········ 173
4. 내용 척도 및 내용 소척도 ········ 179
5. 보충 척도 ········ 200

Chapter 05 **다양한 소척도-청소년** • 219

1. 내용 척도 및 내용 소척도 ········ 221

2. 성격병리 5요인 척도 ········ 227

3. 보충 척도 ········ 228

◇ 후기: MMPI−3에 대한 아쉬움 ··· 231

◇ 부록: 해석에 도움이 되는 참고문헌 ··· 233

◇ 찾아보기 ··· 237

Chapter
01

MMPI-2에 대한 이해

1. MMPI-2 해석 맛보기
2. MMPI-2의 특징
3. 검사 실시

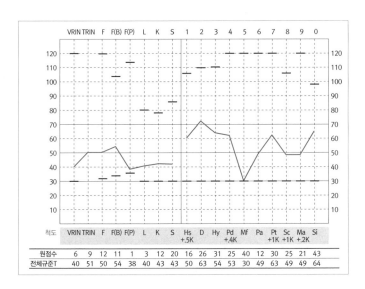

Chapter 01 MMPI-2에 대한 이해

▶ 1. MMPI-2 해석 맛보기

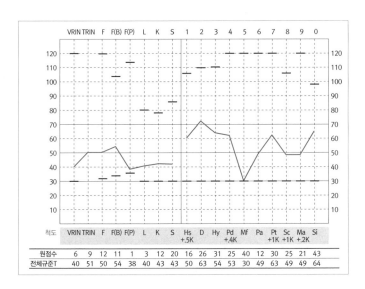

척도	VRIN	TRIN	F	F(B)	F(P)	L	K	S	Hs +.5K	D	Hy	Pd +.4K	Mf	Pa	Pt +1K	Sc +1K	Ma +.2K	Si
원점수	6	9	12	11	1	3	12	20	16	26	31	25	40	12	30	25	21	43
전체규준T	40	51	50	54	38	40	43	43	50	63	54	53	30	49	63	49	49	64

MMPI 그래프를 보면 사람이 그려져야 한다. MMPI 그래프에
나온 2-7-0 프로파일은 점수가 높진 않지만 전형적인 우울증 프
로파일이다. 2번과 7번은 주로 상태와 관련된 척도이고, 0번은 타
고난 성향과 더 관련이 있다. 2-7-0 프로파일은 이유야 어찌되

었건 현재의 고통감이 높다는 것을 나타낸다. 그래서 면담에서는 고통감의 양상과 정도를 확인해야 한다. 약간의 우울증이 있을 가능성이 있고, 그중에서도 F 척도가 평이한 수준이어서 약한 우울증이 오랫동안 지속되는 기분부전 상태일 가능성이 높다. 보통 여기까지 해석하고 끝내지만, 더 중요한 정보가 남아 있다. 왜 힘든가를 알아내야 한다.

이 수검자는 남자인데, 5번 척도가 완전 바닥에 있다. 5번이 바닥이라는 건 소위 '상남자'라는 말인데, 여기서부터는 MMPI에서 말하는 남성성이 무엇인지, 그리고 남성성이 높으면 성격적으로 또는 병리적으로 어떤 행동 특성이 있는지 알아야 해석할 수 있다. 상남자의 욕구는 무엇일까? 자기가 상남자라는 것을 드러낼 수 있어야 한다. 근육? 아니다. 능력이 있어야 한다. 그리고 요즘 능력은 돈을 얼마나 버느냐와 관련이 있다. 돈은 상대적인 것이다. 가까운 사람들 중에서 돈을 가장 잘 버는 사람이 큰소리를 치게 되어 있다. 가족 중에서 돈을 가장 많이 버는 사람은 별다른 문제의식 없이 가족들의 행동까지 자기 마음대로 하려고 한다. 기득권을 가지고 자기중심적인 행동을 하는 것이다. 조선시대에는 가장, 즉 남자가 모든 의사결정을 했고, 아내와 자식들은 그냥 따라야 했다. 공식적 CEO가 남자였던 것이다. 이런 문화가 이어지다 보니, 남편은 놀고 축구만 하러 다니고 여자가 돈 벌어서 가족을 먹여 살리는데도 가정사에서의 의사결정은 남자가 하는 가부장적인 가정을 보게 된다.

다시 앞의 우울증 얘기로 돌아가 보자. 이 수검자가 우울한 이유가 뭘까? 다리를 다쳐서 유능감의 원천인 축구를 하지 못하고 있을 가능성이 높다. 돈은 못 벌어도 축구를 잘하고 축구클럽에서 직책을 맡으면 자존감은 유지된다. 그런데 다리를 다쳐서 축구를 못한다. 돈은 원래 못 벌었고, 거기다가 아내가 최근에 깨달은 바가 있어서 이제 남편의 말을 듣지 않는다. 자신의 권위가 더 이상 통하지 않으니 자존감이 떨어지고 우울해지기 쉽다. 5번이 낮은 남성의 우울증은 자존감을 유지하게 했던 능력의 상실과 자신의 권위에 대한 강한 도전이라는 이슈가 있을 가능성이 높다. 문제의 원인을 찾을 때는 그 사람들의 욕구를 찾아야 한다. 그 욕구가 해소되면 즐겁고, 해소가 안 되면 스트레스가 커진다. 그리고 우리는 그 욕구를 MMPI에서 찾을 수 있다.

▶ 2. MMPI-2의 특징

1) 왜 personality인가

MMPI의 풀네임은 Minnesota Multiphasic Personality Inventory이다. 간단하게 말하면, 미네소타 대학교에서 만든 다양한 심리적 특성을 측정하는 도구인 것이다. 대학원 수업을 하면서 풀네임을 쓰라고 하면 제대로 쓰는 경우가 잘 없다. 먼저 Minnesota는 검사를 만든 대학의 이름이기도 하지만 초판 표본의 한계점을 나타내기도 한다. 규준집단이 모두 미네소타 지역에 사는 사람들이었다. 우리나라로 따지면 충청도 사람들만 데리고 검사를 만든 것이니 일반화의 한계로 인해 개정에 대한 요구가 있을 만하

다. multiphasic은 우리에게 익숙한 단어는 아니지만 multiple의
동의어이니 다양한 특성을 측정한다는 의미로 그냥 넘어갈 수 있
겠다. 그런데 pathology가 아니고 personality를 사용했다. MMPI
의 주요 척도의 이름이 '임상'척도이고, 각 임상척도의 이름이 정
신과 병명이며, 대부분의 임상척도의 기준집단도 정신과 환자
들이기에 personality라고는 생각을 잘 못한다. 아마도 초판 개
발 당시에는 시대적으로 인간의 심리적 특성을 나타내는 단어로
character, personality, trait 등이 혼용되면서 심리적 특징을 구분
한다는 의미로 가장 적합하다고 생각해서 선택된 것이 아닌가 싶
다. 각 임상척도의 제목이 정신과 진단명으로 되어 있어서 오해
를 받는 부분이 있다. 8번 조현병 척도가 높으면 조현병일까 걱정
하게 된다. 그러나 8번 척도가 높다는 것은 수검자가 조현병일 가
능성이 높다기보다 조현병 환자가 가지는 다양한 성격적 특성 중
어느 것을 갖고 있을 가능성이 높다는 것을 나타낸다. 대부분의
정신병리는 성격적 뿌리를 가지는 경우가 많기 때문이다. 그리고
이러한 해석은 점수가 65T보다 낮은 대부분의 수검자에게 적용
될 수 있다. 어쨌든 세월이 흘러 상담 장면에서도 많이 사용되고
있고, 정신과적 분류뿐만 아니라 다양한 심리적 특성을 파악하는
데 활용도가 높다는 것을 감안하면, 오히려 세월이 흘러 이제야
personality라는 제목에 맞게 사용하고 있는 것 같다. inventory는
설문지 검사라는 말이니 다른 설명이 필요 없을 듯하다.

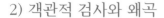

2) 객관적 검사와 왜곡

　검사를 나누는 기준 중에서 객관적 검사와 투사적 검사로 나누는 방식이 있고, MMPI는 객관적 검사의 대표이고, Rorschach는 투사적 검사의 대표이며, 학부 수준에서 이 두 검사의 차이점으로 왜곡(faking) 여부가 너무 강조되다 보니 마치 그것이 검사의 전부인 것처럼 보인다. 그러나 객관적 검사의 특징은 '왜곡이 가능하다'가 아니고, '검사 자극이 객관적이다'라는 것이다. '나는 우울하다'라는 문장을 주고 자신의 현재 우울감 정도를 0점에서 10점까지 표시하도록 하면 심리학을 공부하지 않아도, 심지어 대학을 나오지 않아도 대부분의 일반인들은 대답을 할 수 있다. 문항이 누구나 알 수 있을 정도로 객관적이어서 누구나 대답할 수 있고, 심지어 자신이 9점에 표기하면서 심하게 우울하다고 해석될 것까지 예상할 수 있다. 자극이 명확하니 자가평정을 할 수 있고, 숫자로 그 정도를 나타낼 수 있어서 집단으로 실시하여 비교할 수 있으며, 비전문가도 쉽게 해석을 할 수 있다. 이렇게 많은 장점이 있는데도 단 하나의 단점이 있다면, 자극이 명확하다 보니 의도를 가지면 왜곡해서 답변을 할 수 있다는 것이다.

　그런데 이 왜곡이라는 것도 그렇게 쉽지는 않다. 왜곡은 보통 의식적이든 무의식적이든 현재의 상태를 감추고 싶은 욕구에서 나타나게 되기 때문에 과장을 하는 경우가 많다. 9점만큼 우울한 사람이 만약 우울감을 드러내면 사람들이 꼬치꼬치 물어볼 텐데 기운이 없어서 대답하기 힘들고, 괜히 사람들이 위로해 준답시고 하는 말들도 다 고깝게 들리니 그냥 0점으로 표기를 하게 된다.

우울감이라는 건 어느 정도 누구에게나 있을 수 있고, 보통의 심리적 고통감이 크지 않은 사람들은 이를 인정하는 데 불편해하지 않기 때문에 대부분은 3~7점 사이에 표기를 하게 된다. 따라서 0점이나 1점 같이 극단적인 점수를 보인다면, 딱히 타당도 척도까지 동원하지 않더라도 왜곡일 가능성이 높다. 그러나 이는 임상가의 통찰에 따른 것이고, 이러한 판단을 하기 위해서는 검사 결과뿐 아니라 면담과 행동관찰 내용을 같이 고려하여 종합적인 분석을 해야 한다. MMPI는 매우 많은 심리적 특성을 대상으로 하고 있고, 이 모든 척도를 임상가가 하나하나 분석하기는 어렵기 때문에 타당도 척도를 만들어 왜곡 여부를 파악하기 쉽게 해 놓았다.

3) 실용적 목적과 정신병리

MMPI는 세계대전이라는 큰 전쟁 때 만들어졌다. 사람을 죽여야 하는 전쟁에서 승리해야 하는 상황이니, 전쟁 수행을 방해할 가능성이 높은 사람들을 미리 가려내야 하는 매우 실용적인 목적으로 만든 것이다. 이때 성격검사와 지능검사가 만들어졌는데, 지능검사는 군대알파(Army Alpha)와 군대베타(Army Beta)라는 이름으로 시행되었고, 이는 웩슬러 지능검사로 이어진다. 성격검사로 만들어진 것이 MMPI이다. 같은 편한테 총을 쏘는 등 제 기능을 못해서 주변에 부담을 주면 안 되니 이러한 사람들을 가려내기 위해서 만들었고, 정상적인 임무 수행을 방해하는 극단적인 문제행동을 찾아내다 보니 우울증, 조현병 등 정신과적인 문제들이 나올 수밖에 없었을 것이다. 그러다 보니 대부분의 임상척도가 당시의 주요 정신과 병명과 일치하게 된 것이다.

4) 성격검사

그런데 2번 척도가 높다고 해서 다 우울장애라는 진단에 해당되는 것은 아니다. 점수가 낮을 때보다는 높을 때 우울증일 가능성이 높긴 하지만, 모두 우울증인 것은 아니다. 8번 척도가 높다고 다 조현병이 아닌 것도 마찬가지이다. 그렇다면 MMPI의 진단적 타당성에 의문을 제기할 수도 있겠으나, 사실 이 때문에 사용성은 더 좋아졌다. 각 척도와 관련된 성격적 특성에 대한 풍부한 정보를 제공해 주기 때문이다. 1번 척도가 높으면 건강염려증(DSM-5 기준으로는 '질병불안장애')의 진단 기준에 맞을 수도 아닐 수도 있지만(진단적으로 딱 맞을 가능성은 그리 높지 않지만), 감정을 억압하고 주지화나 이지화 방어기제를 더 많이 사용하는 등 건강염려증과 관련된 성격적 특성이 있을 가능성은 매우 높다. 따라서 진단 기준에 맞는 진단적 타당성은 떨어질 수 있으나, 척도와 관련된 성격적 특성이 있을 가능성은 매우 높다. 따라서 MMPI는 정신과적 질병에 취약성을 가지는 성격적 특성을 말해 준다고 보면 된다.

5) 567문항

MMPI-2는 567문항인데, '예/아니요'로 답변이 간단해도 설문지로서는 상당히 많은 문항이다. 아무리 선택지가 적어도 의사결정을 567번이나 해야 한다는 건 사람들에게 상당한 부담을 준다. 문항 수에 대한 부담 외에 답변 자체에 대한 부담도 존재한다. 보통 사람들이 검사를 할 때 어떤 의사결정을 할지를 생각해 보자. '가끔 이상한 소리가 들린다'라는 문항이 만약에 7점 척도라면 2~3점 정도라고 대답하기에 부담이 덜할 것이다. 그런데 이러한 이상한 문항에 아무리 '가끔'이라는 말이 들어 있지만, '예'라고 대답하기는 경우에 따라 상당히 부담스러울 수 있다. 임상 장면에서 일을 할 때는 내담자가 그 상황에서 어떤 마음일지 이해하고 예상할 수 있어야 한다. 수검자가 답변을 어려워할 때, 강박증을 비롯하여 책에 나온 몇몇 이유만을 생각할 게 아니라 누구에게나 어려운 것이고 애매하고 힘들 수 있다는 것을 이해할 수 있어야 한다.

MMPI-2의 문항은 567개이고, PAI(Personality Assessment Inventory)는 344개이다. PAI도 MMPI와 비슷한 수준의 척도들을 보여 주는데 어떻게 문항이 이렇게 줄어들까? MMPI는 왜 문항이 더 많을까? 답은 각 문항에서의 반응 수에 있다. MMPI는 '예/아니요' 2점 척도이고, PAI는 4점 척도(전혀 아니다/조금 그렇다/그렇다/매우 그렇다)이다. MMPI는 각 문항에서의 반응 수를 줄이는 대신 문항 수가 늘어났다고 보면 된다. 예를 들어, 1번 척도를 측정하는 문항이 20개이면 그중 몇 개가 1점(예)인가를 가지고 평가하는 것이기 때문에 1~2개 문항을 잘못 대답해도 전체 판도에는 크게 영향을 주지 않는다. 워낙에 많은 문항을 합산해서 결정하는 구조이기 때문에 문항 1개의 변량이 높지 않은 것이다. 그래서 실시할 때도 '1~2개 잘못 표기해도 별 문제가 없다'라는 설명을 꼭 해 주어야 한다.

6) 임상적 경험에 근거

MMPI는 제2차 세계대전 중에 군인 선발을 위해서 만들어졌다. MMPI 개발에서 가장 중요한 말이 '임상적 경험'에 근거해서 만들었다는 것이다. 어디서 들은 것인데, 임상적 경험에 근거한다는 것이 무엇인지 잘 알려 주는 이야기가 있다. 미국에는 트럭 기사들이 뉴욕에서 LA까지 가려면 대륙을 횡단하며 한 달을 가야 한다고 한다. 트럭 기사가 많고 엄청 큰 트럭들이 다닐 테니 안전이 매우 중요할 것이다. 그래서 안전운전을 하는 운전사의 특성을 알아내기 위해서 연구를 했다고 한다. '나는 운전하기 전에 아이스크림을 먹는다'라는 문항에 '예'라고 대답한 사람이 안전운전을 많이 하더라는 것이다. 이론적으로 따져서 요인분석을 하면 이런 문항은 들어갈 수가 없다. 그런데 실제적으로는 매우 중요한 문항이기 때문에 안전운전을 할 운전자를 뽑는 설문지에 꼭 들어가야 한다. 정말 안전운전을 하는 운전자를 뽑아야 한다면 이론적 타당성을 좀 양보해야 하는 것이다. 이런 설문 방식은 마케팅, 즉 돈벌이가 중요한 장면에서 많이 사용한다. 이론(근거가 있느냐)보다는 실용성(돈을 벌 수 있느냐)이 더 중요한 환경이라서 그렇다.

MMPI 개발 당시에 이미 학계에는 방법론이 많이 발달해 있었고, 이론적 타당성이 상당히 중요했을 것이다. MMPI는 그러한 학계 분위기에 반하는 도구였고, 비판도 많이 받았다. 그런데 그럴 수밖에 없었다. 국가의 존립이 달린 중요한 일이었고, 철저하게 실용적이었어야 했을 것이다. 원판의 문항들이 2판에도 많이 포함되어 있다. MMPI의 경험적 연구 방식을 비판하면서 나온 척도가 PAI이다. PAI는 이론적 타당성을 강조하고 있고, 우울증, 조현병 등을 명칭 그대로 활용할 수 있어서 상당히 직관적이다. 따라서 비전문가와 소통하기 위해서는 PAI가 효율적일 수 있으나, 좀 더 예술적이고 풍부한 해석을 하려면 MMPI의 손을 들어 주고 싶다.

7) MMPI(초판) 개발의 역사

검사를 해석하는 데 있어서 개발 단계를 구체적으로 아는 것은 많은 도움을 준다. 초판의 개발에 대해서 먼저 알아보자. 심리학과 정신의학에서 보고된 사례, 보고서, 심리학 교과서, 개인사회적 태도를 측정하는 기존의 척도 등을 바탕으로 1,000개 정도의 문항을 가려내었고, 그중에 쓸 만한 것을 500개 정도 선택했다. 이상집단을 정상집단과 구분하는 것이 목적이니 정상집단도 구해야 하는데 대부분이 미네소타 대학교의 관련자들, 게다가 친척들이 많았다고 한다. 시간이 급했고, 지금처럼 인터넷이나 우편 시스템이 발달하지도 않았을 때이다. 원판의 한계이고 이해가 되는 부분이다. 그 외에 대학입학설명회 참석자들과 노동자들도 있었다. 다들 구하기 쉬운 대상들이었을 것이다. 그리고 정신과 환자가 아닌 병원 환자들이 포함되었다.

임상집단은 정신과 환자 221명이다. 8개 척도(1, 2, 3, 4, 6, 7, 8, 9번 척도)에 해당하는 환자집단이 221명에 포함되어 있다. 따라서 각 척도의 기준집단이 되는 환자군을 알아야 좀 더 깊이 있는 해석을 할 수 있다. 1번 척도가 높다는 것은 건강염려증을 가졌다는 것이 아니라 건강염려증 환자가 가진 심리적 특성을 공유할

가능성이 높다는 것이다. 그런데 건강염려증의 특성은 여러 가지
가 있고, 1번 척도가 뜨는 사람 중에는 각기 다른 특성이 다르게
높은 여러 종류의 사람들이 있게 되는 것이다. 1번 척도를 제작
할 때 건강염려증 진단을 받은 환자와 일반인도 구분하지만, 정말
필요한 것은 건강염려증과 신체증상을 호소하지만 건강염려증이
아닌 환자군을 구분하는 것이고, 이러한 환자군까지 포함해서 제
작을 하였다.

　8개 임상척도와 달리 5번 척도와 0번 척도는 기준집단이 소위
환자집단이 아니다. 먼저 5번 척도를 살펴보면, 기준집단이 동성
애 집단이라는 것이 중요하다. 5번은 남성성-여성성이라고 하는
데, 원래 척도의 목적은 남성 동성애 집단을 가려내는 것이었다.
그 당시 부적응의 기준이었던 것이다. 그래서 동성애 남성과 이
성애 남성을 변별하는 문항을 뽑았다. 그런데 개수가 부족하니
일반인 남성과 여성이 서로 다르게 반응하는 문항도 포함시켰다.
그래서 이 두 가지의 개념을 모두 가지고 해석해야 한다. (남성의)
동성애 성향이 높을 수도 있고, 남성과 여성의 다른 특성이 강할
수도 있다. 5번 척도에 대해서는 임상척도 부분에서 다시 설명하
겠다.

　0번 척도는 환자집단에서 더 벗어난다. 내향성-외향성을 측정
하는 검사를 활용해서 만들었다고 하는데, 기준집단이 과외활동
에 활발히 참여하는 여대생과 참여하지 않는 여대생을 감별해 주
는 문항들이다. 이후에 남성에 대한 것도 추가했다고 하지만, 최
초 목적은 여성의 내향성을 측정하는 것이었다. 아마 내향성을
여성의 심리적 특성으로 봤기 때문이 아닐까 싶다.

8) MMPI-2의 변화

초판의 여러 한계점을 수정할 필요가 있었고, 수정을 하여 MMPI-2를 제작하였다. 초판은 미네소타에 편중되고, 주로 백인이고 30대 중반 기혼자가 많았다. 대부분 소도시나 시골에 거주하고, 숙련직이 많고 전문직은 없으며, 정규교육도 8년 정도였는데, 1940년대에는 아마 이들이 평균 정도의 인구 집단이었을 것이다. 군인들도 이들 중에서 많았을 것이니 목적에 맞는 인구 집단이었을 것 같다. 2판이 40여 년 만에 나왔고, 언어적 수정, 성차별 및 종교적인 고려 사항들을 반영하였으며, 다양한 성격적 특성까지 더하여 활용 폭을 넓혔다.

초판은 550개 문항이었다. 여기에 약물, 자살, A유형 행동, 결혼, 직업, 치료 순응성 등의 내용으로 154개 문항을 더하여 704개의 문항을 만들었다. 또한 7개 주를 대상으로 하고(초판은 미네소타 주에서만 실시), 인원은 3,000명으로 하여 표준화를 진행하였다. 인구통계학적으로는 지역, 직업, 나이, 인종 배분 등을 고려하였고, 기준집단으로는 정신과 환자뿐 아니라 알코올중독, 만성통증, 부부상담 대상, 대학생, 구직자 등을 추가하였다.

9) 타당성과 반응왜곡

타당성이라는 것은 수검자의 대답을 믿을 수 있는가에 대한 문제이다. '예'라고 했을 때 믿어도 될까? 검사를 하다 보면 성실하게 했는지 태도가 의심되는 사람들이 있다. 군대 있을 때 빈혈이 생겨서 의무대에서 한 달을 있었다. 그런데 마침 의무대 TV가 고장이 나서 너무 할 게 없었다. 읽을 만한 책이 몇 권 있었는데 일주일 만에 끝났다. 더 이상 할 건 없고, 아픈 척을 해야 하니 어디 돌아다닐 곳도 없었다. 당시에 학교 다닐 때 보던 영어 단어책을 갖다 달라고 해서 천 페이지짜리 책을 3주 동안 거의 다 봤다. 할 게 없으니 차라리 뭐라도 머리를 쓰게 하는 방법을 사용한 것이다. 이렇게 머리는 안 쓰는 게 더 힘들다. 여기서 쓴다 함은 의사결정을 한다는 것을 뜻한다.

MMPI에서 반응왜곡이 가능한가? 적어도 다 하는 데 1시간이 걸리고 빨리 해도 40분이다. 반응을 왜곡하려면, 즉 실제와 달리 말하려면 생각을 하고 의사결정을 해야 한다. 그런데 처음 몇 개나 중간중간에 가끔씩은 그럴 수 있겠지만, 모든 문항을 그렇게 할 수 있을까? 답지 표기 방식을 보면 1~100번까지는 신경 써서 표기하다가 이후부터는 쉽게 쉽게 표기하는 경우를 보게 된다. 이는 처음에는 여러 가지 요소를 고려하여 대답하지만, 뒤로 갈수록 의사결정이 빨라졌다는 것을 뜻한다. 500개가 넘는 문항을 매번 심사숙고해서 대답하기는 너무 힘들다. 차라리 솔직하게 대답하는 것이 머리를 덜 아프게 하기 때문이다.

그렇다고 다 왜곡해서 반응을 한다고 해서 해석을 못하는 것도 아니다. MMPI를 내담자에게 주는 순간부터 모든 것이 해석의 대상이다. 일주일 뒤에 재방문 시 설문지를 안 해 왔다면 이는 의식적이든 무의식적이든 평가를 거부한 것이다. 자신을 드러내는 것에 대한 부담이 크고, 의심이 많은 사람일 가능성이 높다. 우울증이 심한 사람도 에너지가 부족해서 설문지를 작성하지 못할 수 있다.

성격적인 면에서 문제해결을 하지 못하는 것을 정당화하기 위해서 무력함을 보여 주어 약한 척하는 사람일 수도 있다. 평생 아픈 사람이 있다. 맨날 앓아누워 있는데 자기가 하고 싶은 건 다 한다. 아들 입학식은 아파서 못 가면서 자기 옷은 다 산다. 자기를 힘들게 하는 것은 아예 건들지 않는 사람이다. 이렇게 어떤 식으로든 MMPI를 하는 과정에서 자신의 심리상태를 표현하게 되어 있다.

검사 태도를 보려면, 척도 점수를 보기보다는 답지의 표기 양식을 보는 것이 좋다. 30분도 안 되어서 답지를 내놓았고, '예' 10개에 '아니요' 10개 또는 '예' 9개에 '아니요' 1개씩 또는 '아니요' 9개에 '예' 1개씩 표기를 한다면 대놓고 불성실하게 대응한 것일 가능성이 높고, MMPI 결과를 신뢰하기는 어렵다.

그리고 F 척도가 90T이면 나머지 모든 척도에 대한 해석을 하지 말아야 하나? 검사 매뉴얼에는 그렇게 되어 있으나, 이는 어떤 식으로든 수검자의 심리상태를 나타낸다. 고통감과 혼란감이 크다는 말인데, 있는 걸 과장했어도 어쨌든 고통감이 있는 것이고, 없는 걸 있다고 하는 것이어도 내면의 문제가 있는 것이다.

증상을 보면 의심이 많고 경계심이 높아서 6번 척도가 높을 것 같은데 안 뜨는 경우가 있다. 그렇다면 검사 결과, 의심이 없다고 해야 하는가? 오히려 의심이 많은데 숨기는 사람일 가능성이 높다. 원래는 의심이 많지만 이를 인정하지 않으니 본인은 의심이 적다고 '생각'하는 것이다. 같은 맥락에서 2번 척도가 높으면 우울한 사람이 아니고, 자기 자신이 우울하다고 '생각'하는 사람이고, 8번 척도가 높으면 자기가 특이하다고 '생각'하는 사람이다. 0번 척도가 낮으면 자기는 활발하다고 '생각'하는 사람이다. 물론 스스로 그렇게 '생각'한다면 실제로도 관련된 증상이 있을 가능성이 높기 때문에 이러한 설문지를 만드는 것이지만, '생각'은 실제 상태와 다르다. '생각'은 그냥 임상가가 수검자의 심리적 특성을 평가하는 데 필요한 여러 자료 중의 하나일 뿐이다. 그리고 중요한 실제 상태를 파악하기 위해서 수검자의 '생각'이 표현되는 다양한 방식을 알고 있어야 한다.

10) n번 척도

객관적 검사는 수검자의 의식적 생각을 나타내는 것이다. 우울한 생각을 많이 하면 우울할 가능성이 높지만 모두 그런 것은 아니다. 따라서 유연하게 해석해야 한다. 어떤 경우에 우울하지 않은데 우울한 생각을 할까? 일시적으로 스트레스가 생겼거나 성격적으로 약한 척하는 것이 익숙할 수도 있다. 2번 척도가 낮지만 우울증일 수도 있는데, 이러한 해석을 하려면 각 척도의 의미를 보다 깊이 있게 파악해야 한다.

MMPI의 임상척도는 그 기준집단에 해당하는 장애만 측정하는 순수한 측정치가 아니다. 2번 척도가 우울증만 걸러 내고, 8번 척도가 조현병만 걸러 내는 것이 아니라는 말이다. 따라서 검사의 활용에 있어서 더 복잡한 기술이 필요하다. 각 척도와 관련된 다양한 성격 특성과 행동에 초점을 맞춰야 한다. 정신과 장애와 연결되어 있는 척도명이 주는 불편감을 감소시키고, 해석상의 오해를 줄이며, 객관성을 유지하기 위해서, 건강염려증 척도라고 하지 않고 '1번 척도'라고 하면서 숫자로 명칭을 부여하는 것이 좋다.

'1번 척도가 높다'라는 것은 '건강염려증이 있다'라는 단순한 해석보다는 '건강염려증을 포함한 신체화 문제가 일어나기 취약한 다양한 심리적 특성을 가지고 있다'라는 것을 의미한다. 그래서 '검강염려증을 포함한 다양한 신체적 문제들'과 '관련된 다양한 심리적 특성'을 모두 알고 있어야 비로소 1번 척도를 제대로 해석할 수 있다.

11) 수검자 체험과 재검사

검사 당시의 수검자의 심리상태를 이해할 수 있어야 한다. 실시상의 어려움을 검사자 본인이 느껴 봐야 한다. '예/아니요' 대답을 하는 것이 얼마나 힘든지, 나에게 해당하지 않는 문항을 읽을 때 어떤 기분인지, 불쾌한 느낌이 드는 질문이 있는지, 1시간 동안 설문지를 할 때 어떤 불편감이 드는지 등 이러한 불편감을 검사자가 직접 경험했을 때 보다 진정성 있는 검사 안내를 할 수 있다.

나는 군대 가기 전에 1학년 말에 학교 학생상담센터에서 MMPI를 처음 해 봤다. 1, 2, 3번 척도가 높게 뜨고, 9번 척도가 낮아서 심각한 상태라고 하면서 상담을 권유받았다. 여기서 자세하게 말할 건 아니지만, 정말 우울한 시기였고, 내향적이고 억압적인 성향이 강하니 딱 맞게 나온 것 같다. 사회성이 부족해서 3번 척도의 상승은 의외였지만, 사회성이 꼭 화려한 것만이 아니라는 걸 고려하면 이해가 되는 부분이다. 이후에 군대를 전역하고 대학원 선배가 검사 과제를 하는 데 참여해서 풀배터리 검사를 받는 중에 MMPI를 다시 하게 되었다. 전역 후 인생에서 가장 즐거울 때여서 우울감은 싹 사라지고, 1, 3번 척도만 상승했다. 그리고 석사과정 중에 병원으로 인턴을 갔을 때 선배가 요청해서 MMPI를 세 번째 하게 되었다. 나름 진지하게 재경험 효과를 고려하여 정말 솔직하게 하려고 노력했는데, 결과는 전체적으로 밋밋한 모양으로 나오고 8번만 살짝 높았다. 그 시기에 스스로 창의성이 부족하다고 생각해서 키우고 싶었는데, 그러한 마음이 반영된 듯, 당시에는 내가 상상력이 풍부해진 줄 알았다. 그런데 이후에 결혼을 했고, 부부싸움을 하는 중에 내 입장에서 말이 안 통하니 답답함을 느끼던 순간, 극단적인 신체화가 왔다. 졸도를 한 것이다. 그런데 생각해 보면, 고등학교 때 선생님에게 맞을 때(사실 맞기 시작할 때), 군대에서 고참에게 맞을 때(여기서도 맞기 시작할 때) 모두 졸도를 했던 경험이 있다. 대학 때도 신경성 십이지장궤양이 있었다. 나는 MMPI 1-3 유형의 사람인 거다. 평소에는 무난하고 모범적인 모습으로 별 문제 없이 지내는 듯 보이지만, 평소의 모범적인 대처가 통하지 않는 상황에서는 극단적인 신체화를 통해서 자신을 보호하는 것이다. 병원에서 8번 척도가 높았던 것은 당시의 나의 생각과 노력이었고, 나는 결국 1-3 유형인 거다. 제 버릇은 남을 주지 못한다. 그래서 여러 번 검사를 받았다면, 첫 검사를 확보하는 것이 중요하다. 그리고 내가 쓰러지면 1-3 유형인 것이지, MMPI에서 8번 척도가 떴다고 1-3 유형이 아닌 게 아니다. MMPI 결과만 가지고 진단을 확정 지으려고 하지 말자. 일반인들은 재검사를 할 때, 전문가들처럼 '재경험'에 별로 민감하지 않다. 심리학자들이 건강검진에서 엑스레이를 찍을 때 기계 종류와 방사능 수치 따져 가면서 찍지 않는 것과 마찬가지이다. 실제 비전공자인 내담자들의 재검사는 이전 검사와 크게 차이가 나지 않는 경우가 많다.

📍 3. 검사 실시

1) 검사 지시

　설문지 지시사항이 다 있어서 글을 읽을 수 있다면 그냥 검사지만 주고 해 오라고 해도 된다. 그러나 병원이나 상담센터에서 검사를 하게 되는 사람들은 대부분 스트레스 수준이 매우 높고, 자아강도는 약한 사람들이다. 정신건강 장면에서의 임상가들이 하는 모든 활동이 그러하듯이 MMPI 검사 지시 또한 대상자들에게 있을 수도 있는 취약성을 건드리지 않도록, 대상자들이 주로 하는 걱정과 불편감을 줄일 수 있어야 한다. 다음은 MMPI 검사 시 할 수 있는 지시 예문이다.

　　　"(표지를 넘기고) 지시사항은 여기(위에) 있으니까 읽어 보시면 되구요. (뒤로 넘겨서) 답지는 뒤에 있는데요. 답을 여기에 표기하시면 됩니다. 1번 문항을 보면 '기계에 관한 잡지를 좋아한다'라고 되어 있죠. 너무 고민하지 마시고 '그렇다' 또는 '아니다' 둘 중 하나로 표기하시면 됩니다. 1~2개 잘못 표기해도 크게 다르게 나오지 않으니까요. 편하게 하시면 됩니다."

　검사를 하는 데 보통 1시간 전후의 시간이 걸린다. 기관에서 다

하고 가게 하는 경우들이 있는데, 이렇게 장소와 시간을 특정하면 불필요하게 수검자와 검사자의 불편이 증가할 수 있다. 불성실이 너무 티가 나서 다음에 안 가져올 것으로 뻔히 예상되는 반항기 많은 비행청소년 정도라면 혼자 편하게 검사할 수 있게 조용한 방을 안내해서 하고 가도록 하는 게 좋지만, 대부분은 날짜와 시간을 정해서 가져오라고 하면 잘 가져온다.

2) 검사를 거부할 때

수검자가 검사를 거부할 때는 거부하는 이유와 지금의 상태에 대해 설명할 기회를 주어야 한다. 이는 MMPI뿐 아니라 모든 심리검사에 적용되는 방법이다. 불편감을 충분히 말하게 한 다음에 필요성을 간단히 말하면서 권유하면 된다. 그래도 안 한다고 하면 편하게 안 해도 된다고 말해 주자. 검사를 안 하겠다고 거부하는데 억지로 시켰을 때 얻을 수 있는 이득이 없다. 단, 법이나 규칙을 어겨서 처벌로 온 아이들은 거부할 수 없으니 하긴 하는데 성의 없이 대충 하는 것이 눈에 너무 뚜렷이 보일 수가 있다. 이때 기본적인 대응은 아이가 처해 있는 상황을 명확하게 알려 주는 것이다. 애걸하지 말고, 협박하지 말고, 설명을 해야 한다. "지금 태훈이는 법원에서 상담 명령을 받고 온 거야. 그래서 내가 결과를 내서 보내야 하거든. 이렇게 성의 없이 하면 성의 없이 했다고 써야 하고, 그 결과를 참고해서 법원에서 판단을 할 거야. 조금 더 신경 써서 다시 한 번 해 봤으면 좋겠다." 이렇게 설명하고 다시 권유하고 기다리면 된다.

CHAPTER

02

타당도 척도

1. 타당도의 개념
2. 무응답에 대한 해석
3. F 척도[F, F(B), F(P), F1, F2]: 고통감, 비전형적 반응 경향
4. FBS 척도: 부정왜곡 척도(증상 타당도 척도)
5. L 척도: 구체적 사고, 관습적 사고, 미숙한 사고
6. K 척도: 세련된 자기방어, 자기애적 경계심
7. S 척도: 자기만족
8. VRIN 척도, TRIN 척도: 비일관성

Chapter 02 타당도 척도

▶ 1. 타당도의 개념

보통 심리검사의 타당도는 '측정하고자 하는 것을 제대로 측정했는가'를 보는 것이다. 우울증 검사를 만들었을 때, 우울한 사람들의 점수가 우울하지 않은 사람들의 점수보다 유의미하게 높으면, 그 검사는 우울한 사람과 우울하지 않은 사람을 감별할 수 있는 타당도가 높은 검사가 된다. 그런데 MMPI의 타당도는 조금 다르다. MMPI를 구성하는 여러 척도가 측정하고자 하는 것을 제대로 측정했는지 확인하고자 하는 목적으로 만들어졌지만, '제대로 측정했는지'보다는 '제대로 하지 않았을 가능성이 높은지'를 더 본다. 같은 의미이긴 하지만 주요 관점이 다르다. 임상척도나 소척도 각각의 타당성을 보기보다는(볼 수도 없다) 전체적인 '태도'를 측정하기 때문이다. MMPI는 설문지 검사의 검사 태도를 측정하는 최초의 심리검사이자 최고의 심리검사이다.

제대로 하지 않았을 가능성을 MMPI에서는 '왜곡'이라고 표현한다. 그래서 타당도 척도들은 왜곡 여부를 측정해야 한다고 말한다. 심리검사는 '(부정적인) 문제가 있는지' 확인하는 것이기 때문

에, 왜곡은 문제가 없는데 있다고 하는 것(부정왜곡, 힘들어하는 척
하는 것)과 문제가 있는데 없다고 하는 것(긍정왜곡, 잘 지내는 척하
는 것) 두 가지 중 하나에 해당이 된다. MMPI의 타당도 척도는 부
정왜곡과 긍정왜곡을 찾아내기 위해 만들어진 것이다.

　임상 현장에서 대개는 척도 점수가 높은 게 거짓이기보다는 낮
은 게 거짓일 가능성이 더 높다. 점수가 높으면 힘들다는 말인데,
그것 자체가 사실과는 다르더라도 다른 불편감이 있을 가능성이
높다. 자기 삶이 행복하고 만족스러운데 검사에서 거짓을 보고하
는 사람은 없다. 점수가 낮은 왜곡(긍정왜곡)이 더 심각하다. 실제
로도 임상가는 이 부분에 더 민감해져야 한다. 병원이나 상담센
터에 왔다는 것은 심리적 문제가 있다는 것인데, 문제를 축소 보
고한다는 것은 문제를 수용하지 못하고 있다는 말이니 개입을 어
렵게 하고 문제가 커질 가능성을 높인다. 타당도 척도의 구체적
인 해석은 뒤에서 더 자세하게 설명하겠다.

▶ 2. 무응답에 대한 해석

　MMPI 초판에는 '?(알 수 없다)' 척도가 있었다. T점수도 나오고
그에 따른 해석도 따로 했었다. 그러나 MMPI-2에는 다른 타당
도 척도들이 추가되면서 '?' 척도가 없어졌다. 대신 무응답 문항이
어떤 내용인지 알 수 있도록, 결과지의 마지막에 무응답 문항들을
나열해 준다. 무응답은 대답(표기)을 안 했거나, 그렇다와 아니다
의 가운데에 표기하거나, 그렇다와 아니다 모두 표기하는 세 가지

경우를 말한다.

　무응답 문항을 대할 때 가장 먼저 떠올려야 할 것은 무응답 문항이 많으면 척도의 높이를 낮춘다는 것이다. 대부분의 문항은 (부정적인) 문제가 있다는 쪽이 '그렇다'이다. 따라서 무응답이 많아지면 문제가 있다고 대답하는 비율이 줄어들고 점수는 낮아지게 된다. 그런데 문제가 없으면 아니다라고 하면 되는데, 대답을 하지 못했다는 것은 문제가 없다에 대한 확신도 부족하다는 말이다. 그렇다면 완전히는 아니어도 관련된 문제가 조금은 있을 가능성이 있다. 가능성이 있는데 부인하는 것이기 때문에 사실 무응답은 이도 저도 아닌 것이 아니라, 부정적인 대답을 하지 못한 것에 가깝다. 따라서 척도 점수가 낮아질 때 문제가 없는 것이 아니라 문제가 있는데 부인하는 것일 가능성이 조금이라도 더 높다.

　무응답 2~3개 정도까지는 전체 양상에 큰 영향을 주지 않는다. 그런데 10~20개 정도가 빠졌다면 '무응답 문항이 많으면 척도의 점수를 낮춘다'는 것을 적용하여, 현재 나타난 점수보다 높을 것으로 가정하고 해석을 하면 된다. 이때 전체 척도를 높여서 보기보다는 가장 높은 척도의 점수를 더 높을 것이라고 보는 것을 권한다. MMPI는 항상 상대적으로 가장 높은 척도가 가장 중요하다.

　무응답 문항이 30개 이상이면, MMPI의 전체 척도를 신뢰하기 어렵다. F 척도가 높을 때 보다 가장 확실하게 MMPI를 신뢰하지 말아야 하는 상황은 30개 이상이 빠진 상황이다. 이 정도가 되면 다음 그림과 같이 형태가 바뀔 가능성이 높다. 그런데 이런 상황은 조현병이나 조울증이 심한 상태에서나 나타난다. 그래서 병원에서 일하지 않는 경우에는 거의 볼 일이 없다. 그리고 10개 이상의 무응답이 나타나는 경우도 거의 없다. 그래서 대부분의 검사 상황에서 소수의 무응답 문항을 대할 때는 '무응답 문항이 많으면 척도의 점수를 낮춘다' 'MMPI는 항상 상대적으로 가장 높은 척도가 가장 중요하다' 이 두 가지 내용을 잘 기억하고 있으면 되겠다.

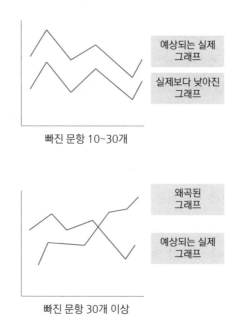

사람들은 어떤 문항에 명확하게 자신의 의사를 표현하지 못할까? 대개는 이상하고 특이한 문항이다. 3개의 무응답이 나왔는데, 모두 성적인 문항이거나 모두 편집적인 내용이라면 해석은 쉽다. 도덕적 억압이 강하거나 편집적인 사고가 강할 가능성이 높다. 그래서 무응답 문항의 내용을 읽어 보면 된다.

무응답 문항이 적을 때는 면담할 때 답하지 않은 이유를 물어볼 수도 있고, 물어보는 것을 권하는 경우도 있는데, 나는 묻는 걸 권

하고 싶지 않다. 어떤 식으로든 불편하니까 대답을 하지 않았을
것이기 때문에 물어보는 것 자체가 수검자에 대한 공격이 될 수
있다. 내담자가 그 문항과 관련된 주제에 대한 불편감이 있을 수
있다는 것을 가정하고 상담에 임하길 권한다. 정말 물어봐야 할
정도라면 라포 형성 이후에 물어보자. 왜 대답을 안 할까? 일상에
서도 상대가 어떤 질문을 했을 때 바로 대답을 하지 못하는 경우
들이 있다. 누군가가 갑자기 '너 나 좋아하니?'라고 물어보면 바로
대답할 수 있을까? '그렇다'가 정말 확실하다면 누구나 대답을 잘
할 수 있다. 충분히 좋지 않거나, 싫은데 싫다고 말하기 불편할 가
능성이 높고, 둘 다 어쨌든 불편감이 있다는 말이다. 그리고 우리
의 뇌는 불편감을 느낄 때 의사결정을 빨리 하지 못한다.

기능이 낮거나 학령기에 학습을 많이 하지 않은 사람들에게 검
사를 실시해 보면, 어휘력이 부족해서 질문을 이해하지 못하는 경
우들이 종종 있다. MMPI는 초졸 이상의 지적 능력을 가지고 있
다면(지적장애가 아니라면) 수행할 수 있다. 그리고 이해가 안 되는
문항이 몇 개 있을 수 있으나, 앞서 말한 것처럼 몇 문항 잘못했다
고 전체 양상은 크게 영향을 받지 않는다.

강박성은 영향을 많이 준다. 일단 의사결정을 힘들어해서 그렇
다와 아니다의 이분법적인 대답이 어렵고, 생각이 많아서 시간
이 오래 걸리니 지쳐서 검사에 대한 거부감이 생기기도 쉽다. 정
신증이거나 조증 상태에서도 대답하기 힘든데, 이는 사고 장해가
심해서 비현실감이 커지면서 의사결정이 어려워지는 것과 관련
이 있다. 우울할 때는 정신 에너지가 부족해서 판단할 힘이 없어
서 대답을 못할 수 있다. 대답을 하려면 결정을 해야 하는데, 다양

한 이유로 결정장애가 생기는 것이다. 약간이라도 핵심적인 상태를 건드리는 문항은 생각을 많이 해야 하니 대답을 하기 어려워진다. 그리고 답하지 않았다는 건 결정하는 데 에너지가 많이 필요하다는 말이니 어떤 이유에서건 자신에게 중요하면서 불편감을 불러일으키는 주제와 관련될 가능성이 높다.

▶ **3.** F 척도[F, F(B), F(P), F1, F2]: 고통감, 비전형적 반응 경향

1) F 척도: 비전형(전반부)

MMPI에서 F 척도라고 하면 보통 고통감을 생각한다. 그런데 F 척도의 개념은 고통이 아니라 비전형이다. 전형적이라는 말은 보통 사람들이 많이 생각한다는 뜻이니, 비전형적인 반응은 사람들이 많이 하는 반응을 하지 않았거나, 많이 하지 않는 반응을 했다는 것을 뜻한다. F 척도를 고통감으로 해석하는 것은 결과적인 해석이다. F 척도가 높을 때 가장 기본적인 해석은 비전형적인 반응을 많이 했다, 즉 특이한 사람이라는 것이다.

그런데 왜 F 척도가 높으면 고통으로 해석할까? 대부분의 일반 사람은 그다지 고통스럽지 않다. 논문에서 많이 인용하는 통계적 기준으로 볼 때, 100명 중에서 5명 정도만 하는 반응을 하면 이상한 반응으로 여긴다. 반대로 말하면, 100명 중 95명이 그렇다고 대답하지 않는 문항은 어떤 것들일까 생각해 보아야 한다. '그냥 아프다'가 아니라 '아파 죽겠다'라고 하거나, '그냥 좋다'가 아니라 '좋아 죽겠다'라고 할 수 있고, 아주 특이한 증상을 호소하는 경우(이상한 소리가 들린다, 누군가 날 조종하는 것 같다)가 있을 수 있다. 우리는 언제 아파 죽겠다고 하고, 좋아 죽겠다고 하고, 괴상한 증상을 호소하는가? 아파 죽겠다는 것은 아픔을 감당하기 어렵다는 말이다. 좋아 죽겠다는 말은 언뜻 좋게 들리지만, 이렇게 과도하게 긍정적인 반응을 하는 경우는 반동형성이기 쉽다. 부정적인 감정이 심한데 이를 감추기 위해서 좋게 말한 것일 수도 있고, 그동안의 말 못할 고통이 심했다는 것을 이렇게 전달하기도 한다. 보통 사람들도 특이한 증상을 1~2개 정도는 보고할 수 있겠지만, 특이한 증상을 다수 보고한다면, 특이하지 않은 다수의 보통 사람들에게 세팅되어 있는 환경에서 부적절감이 클 것이다. 이렇게 어떤 식으로든 비전형적인 모습이 있다면, 그리고 그 정도가 크다면 고통감이 커질 가능성은 높아진다.

우리는 일상에서도 고통스러울 때 약간의 특이한 경험을 하게 된다. 나 같은 경우, 1박 2일 동안 12시간 강의를 하고 나서 2~3시간 운전을 해서 겨우 집에 가서 피곤에 쩔어서 소파에 누우면 4차원의 세계를 경험하게 된다. 어떻게 말해야 전달이 될지 모르겠지만, 몸은 가만히 있는데 뇌는 전력으로 달리는, 그러면서 몸이 붕 뜬 것 같은 느낌이 들 때가 자주 있다. 그러면서 아무것도 하기 싫고, 밥을 먹을지 말지, 김치찌개를 먹을지 삼계탕을 먹을지 묻는 것조차 대답하기 힘들어 아내가 배려해서 의견을 묻는 질문에 짜증을 내기도 한다. 내가 힘들 때는 상대의 별거 아닌 질문을 자신에 대한 공격으로 받아들이게 된다. 그러니 소위 부적응적인 행동으로 반응할 가능성이 높아진다. 보통의 건강한 사람들은 특이한 상태에 잠깐 빠져도 다시 빠져나오지만, 부적응적인 사람들은 빠져나오지 못하거나 빠져나오는 데 시간이 많이 걸리기 때문에 치료적 개입이 필요하다.

F 척도는 보통과는 다르게 비전형적인 방식으로 대답한 사람들을 탐지하기 위해서 만든 것이다. 그리고 비전형적인 대답의 비율이 높다면 그것은 고통감과 연결될 가능성이 높다. 그래서 F 척도가 높을 때 첫 번째의 해석은 '고통감이 높다'이다. 그러나 비전형적인 대답이 고통감을 동반하지 않을 가능성도 있다는 것을 항상 염두에 두어야 한다. F가 높다고 무조건 정신병리가 있다고 볼 건 아니다. 수검자와 일반인의 생각이 얼마나 다른지를 나타내는 것이다.

비전형에 대한 조작적 정의가 필요하다. '폭력적이다'의 조작적 정의는 무엇인가? 한 달에 한 번 싸우면 폭력인가? 열 번은 싸워야 하는가? 두 번까지는 그럴 수 있지만 네 번을 넘어가면 좀 문제라고 여긴다면 '한 달에 네 번 이상 공격 행동을 하면 공격적이다'라고 정의할 수 있다. MMPI에서는 정상인의 10% 미만이 대답한 문항에 표기를 하면, F 척도가 상승하게 되어 있다. F 척도에 포함된 문항은 일반 사람들의 90%가 대답하지 않는 문항이고, MMPI에서는 이를 정상에서 벗어난 반응 경향이라고 정의하는 것이다. F 척도는 6, 8번 척도와 많이 겹친다. 6번과 8번 척도의 문항들에는 대부분 일반인들은 대답을 하지 않는 문항들이 많다. '누군가가 날 공격할 것 같다'(6번 척도), '가끔 이상한 소리가 들리는 것 같다'(8번 척도) 등의 문항에 그렇다라고 할 사람은 별로 없을 것이다.

  F 척도는 부정왜곡이나 꾀병을 가장 잘 나타내는 지표이다. 부정왜곡은 단순한 거짓이 아니다. 무의식적 거짓(아프지 않은데 아프다) 또는 과장(조금 아픈데 많이 아프다)하는 것이다. 없거나 적은 것을 있거나 심하다고 보고하니 왜곡이라고 하는 것이다. 거짓과 과장이라는 양상은 비슷하지만, 꾀병은 의식적이고, 2차적 이득이 분명히 있어야 한다는 점에서 차별점이 있다. F 척도가 높아도 다른 적응력이 뛰어나면 잘살 수도 있는데, 모든 긍정적 적응력을 MMPI에서 탐지할 수는 없기 때문에(예: 지능), 무조건 부적응으로 해석을 하는 것도 주의가 필요하다.

2) F(B) 척도: 비전형(후반부)

  이제는 앞서 제목에서 '전반부'라는 말이 들어간 이유를 살펴보자. 성인은 F, F(B), F(P) 3개 척도가 있는데, F 척도와 F(B) 척도는 같은 문항들로 구성되어 있고, F 척도는 전반부에, F(B) 척도는 후반부에 배치되어 있다(B는 back을 의미함). 따라서 F 척도가 높으면 검사 앞부분에서 특이한 대답을 많이 한 것이다. 그런데 이런 경우는 일반적이다. 사람들이 힘들어서 찾아오는 것이기 때문에 설문 초반에는 고통에 초점을 맞추기 쉽다. 그러나 설문지에 익숙해질수록 고통을 과장되게 호소하기보다는 있는 그대로 솔직하게 답변하게 된다. 그래서 일반적으로는 F 척도가 높아도 F(B) 척도는 낮아지게 된다. 그럼에도 불구하고 F(B) 척도가 높게 유지된다면, 검사를 하는 내내 힘들다는 생각을 유지하는 것이니 고통감에 여전히 강조점이 있는 사람이다. 그래서 F(B)는 도움을 구함 (crying for help)으로 해석하면 적절하다. 주의해야 할 것은 과장된 호소가 고통이 없다는 것과는 다르다는 것이다. 호소하는 고통은 실제가 아닐지언정, 어떤 식으로든 부적응적인 상황에 있을 가능성이 높아서 계속 주의관찰이 필요하고 개입방법도 더 복잡하다.

사례 해석 남자/23세/우울증

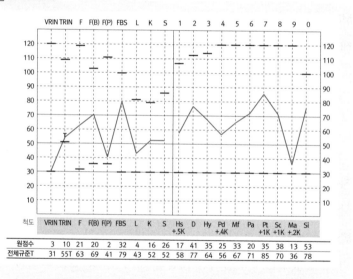

척도	VRIN	TRIN	F	F(B)	F(P)	FBS	L	K	S	Hs +.5K	D	Hy	Pd +.4K	Mf	Pa	Pt +1K	Sc +1K	Ma +.2K	Si
원점수	3	10	21	20	2	32	4	16	26	17	41	35	25	33	20	35	38	13	53
전체규준T	31	55T	63	69	41	79	43	52	52	58	77	64	56	67	71	85	70	36	78

　　남자 23세 우울증 수검자이다. 해석의 첫 번째는 꼭짓점을 보는 것이다. 2-7 유형은 우울과 불안이 모두 가능하지만, 상태와 관련이 있어서 일단 지금 힘들어 죽겠다는 말이다. FBS는 뒤에서 언급하겠지만, 여기서 해석할 필요는 없다. 교통사고 같은 상해 환자들에게 특화된 척도이다. F 척도도 상승해서 고통감이 정말 크다는 걸 확인할 수 있다. 고통감의 정도를 확인한 다음에는 고통의 원인을 찾아야 한다. 다음 상승하는 척도들이 6번과 8번 척

도이다. 6번 척도의 상승은 의심이 많다는 것과 더불어 자존감이 낮을 가능성을 나타내고, 8번 척도의 상승은 특이한 사고뿐 아니라 외로움, 고립감 등과도 관련이 있다. 0번 척도가 상승하고 있어서 기본 성향이 내향적인 것으로 보이는 바, 6번과 8번 척도의 상승은 현재 고통감의 결과일 가능성이 높다. 다음에는 5번 척도가 보여야 한다. 남자인데 5번 척도가 67점이다. 뒤에서 말하겠지만 남자가 70점을 넘어가면 동성애 가능성이 높은데 67점도 꽤 높은 점수이다. 동성애가 아니어도 여성적인 성향이 너무 높고, 이와 관련된 불편감이 우울감, 고립감, 편집적 사고 등과 관련이 있을 가능성이 높다.

3) F(P) 척도: 비전형-정신병리

F(P) 척도의 P는 pathology, 즉 정신병리를 뜻한다. 그래서 정신증적인 증상(망상, 환각 등)을 과장되게 드러내면 높아진다. 예를 들어, 환청이 왼쪽 귀에서만 들린다거나, 노란색 꿈을 꿨다거나 하는 문항들이다. 정신증적인 증상들은 뇌기능이 떨어져서 생기는 내적인(자신의 머릿속에서만 나타나는) 현상이다. 증상 인식이 애매하고 불확실한 경우가 많아서 이렇게 구체적인 증상이나 상황을 물어보면 대부분 대답을 못한다. 그런데 이를 꾸며내야 하는 사람들은 증상을 보여 주어야 하니 '그렇다'라고 대답하기가 쉽다. 그래서 이들의 증상은 가성환각인 경우가 많다. F(P) 척도는 이렇게 진짜 정신증인 사람들도 대답하지 않는 문항에 표기하는 것이다. F(P) 척도가 높은 사람들은 크게 두 유형이 있다. 첫 번째는 부정왜곡(faking bad)으로, 무의식적으로 자신의 고통을 과장하는 데 익숙한 사람들이다. 이들은 자아강도가 약해서

문제해결 방식이 매우 미숙하고 자기중심적이다. 두 번째는 꾀병 (malingering)으로, 이차적인 목적을 가지고 의식적으로 고통감을 과장되게 호소하는 사람들이다. 물론 이들도 무조건 없는 증상을 만들어 내기만 하는 게 아니라 있는 증상을 과장하기도 한다. 그런데 이들도 대부분 자아강도가 약한 사람들이다. 다만 의식하고 의도적으로 한다는 면에서는 첫 번째 유형보다는 힘이 있는 사람들이다. 예를 들면, 첫 번째 유형은 대인관계가 전면적으로 차단되어 있는 반면, 두 번째 유형은 동성과의 관계는 차단되어 있으면서도 이성과의 관계는 꾸준히 유지되는 등 특정 영역에서의 기능은 유지되는 경우가 많다. 단순하게 구분하면, 가성환각이면 첫 번째 유형(부정왜곡)이고, 의도적 거짓말이면 두 번째 유형(꾀병)일 가능성이 높다. 두 유형을 구분하는 데 있어서 주의해야 할 것은, 두 유형 모두 주변 사람들에게 거부감을 주어(재수 없다거나 미숙하게 보기 쉬움) 도움을 받기 어려워지는데, 어쨌든 지금 현재 심리적으로는 부적응 상태에 있는 것이다. 부정왜곡인 경우는 해리장애나 전환장애이기 쉽고, 꾀병인 경우에도 현재 주어진 상황에 적응하지 못하고 있다는 말이니 어쨌든 정신건강상으로는 도움이 필요한 상황이다. 물론 행정적 처벌과는 별도로 말이다.

사례 해석 남자/20세/군 부적응

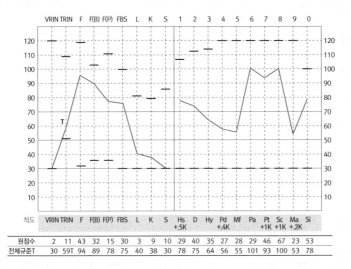

척도	VRIN	TRIN	F	F(B)	F(P)	FBS	L	K	S	Hs +.5K	D	Hy	Pd +.4K	Mf	Pa	Pt +1K	Sc +1K	Ma +.2K	Si
원점수	2	11	43	32	15	30	3	9	10	29	40	35	27	28	29	46	67	23	53
전체규준T	30	59T	94	89	78	75	40	38	30	78	75	64	56	55	101	93	100	53	78

　　남자 20세 군 부적응 사례이다. 고통을 지나치게 강조하는 경우에 대개 이러한 형태의 프로파일이 나온다. F 척도가 높고 임상척도도 너무 높으니까 신뢰할 수 없는 게 아니다. 대부분의 문항에 '그렇다(문제가 있다)'라고 대답을 한 것이다. MMPI의 문항들은 대부분 문제행동이 있는지를 확인하는 것이니 점수가 높은 것은 대부분 문제가 있다고 인정하는(생각하는) 것이다. 이렇게나 과하게 증상을 호소하는 것은 정말 힘들어 죽겠거나, 다른 힘든 것에서 벗어나기 위함이다. 경험상 F(P) 척도가 상승하면 F(B) 척도도 같이 상승한다. F(P) 척도가 상승할 정도면 어쨌든 힘든 상황이고 벗어나고 싶은 것이니 다른 힘든 것을 같이 호소해야 할 것이다. 당연히 F(B) 척도가 상승하기도 쉽다. 그래서 F(P) 척도의 상승은 다른 척도 상승 여부에 상관없이 해석을 하면 된다. 이 경우 해석은 오히려 쉽다. '힘들어 죽겠다'라는 것인데, 대부분의 척도들이 상승을 해서 MMPI상에서는 힘든 원인을 찾기는 어려우니 일단 지지적인 대응을 통해 진정을 시킨 다음, 면담, 행동관찰, 주변인 보고 등을 통해서 원인을 찾아야 한다.

◆ F 척도의 극단치와 낮은 점수

F 척도가 100점 이상이면 MMPI 전체 결과를 신뢰할 수 없다고 하지만 난 그렇게 생각하지 않는다. 그리고 이것은 F 척도만이 아니라 다른 모든 척도의 극단적 상승에도 적용되는 말이다. 어떤 한 사람이 이렇게나 많은 특이한 반응을 할 수는 없으니, 전체 보고가 거짓일 가능성이 높다고 보는 것이다. 실제로도 진단이 붙을 만한 정신과 환자는 이렇게 점수가 높을 수가 없다. 진짜 증상이 있는 사람들은 자신의 증상에 해당되는 문항에서만 그렇다라고 할 것이다. 그러니 증상이 없는 사람들보다는 F 척도가 높아지겠지만, 극단치로 상승할 필요는 없다. F 척도가 100점이 넘는다는 건 모든 문제가 다 있다고 한 것인데, 실제로 이러할(모든 증상이 있을) 수는 없지만 이렇다고 생각할 수는 있다. 어떤 경우에 이렇게 생각할까? 어떤 경우에 자신이 조현병이면서 건강염려증이면서 우울증이면서 불안장애라고 생각할까? 우리는 그런 적이 없는가? 일단 난 그런 적이 있다. 환각이나 망상까진 아니지만, 우울하고 불안하고 모든 사람들이 날 싫어하는 것 같은 느낌이 들어서 아무것도 못하겠고 '차라리 확 그냥 ⋯⋯(나머지는 상상에 맡긴다)'이라고 생각했던 경험이 누구에게나 있다. 다들 거기서 금방 빠져나오긴 하지만, 한 가지 고통이 너무 심해지면 우리는 모든 영역에서의 판단이 어려워져서 모든 영역에서의 통제감을 잃고 모든 것이 문제로 여겨지는 상황에 빠지게 된다. 이럴 때 우리는 '될 대로 되라' '세상에 나만 바보인가 봐' '그냥 내 맘대로 할래' '그냥 세상이 망했으면 좋겠어' 등의 말을 하게 된다. 이런 마음으로 MMPI를 하면 F 척도가 극단치로 상승하게 된다. 당연히 임상

척도들도 대부분 상승하게 되는데, 이것이 거짓이 아니라 그만큼 힘들다는 것을 나타내 준다. 다시 말하지만, MMPI는 수검자의 증상을 그대로 보여 주는 것이 아니라 수검자의 '생각'을 보여 주고, 우리는 그것을 다른 자료와 통합하여 '해석'한다.

보수적으로 보더라도 F 척도가 극단치로 상승할 때가 타당한 경우가 있다. PTSD(외상후 스트레스 장애)는 생존에 치명적인 위협을 경험한 사람들이다. 한 번의 강력한 외상은 이후 인생의 방향을 바꿀 수도 있을 만큼 큰 영향을 미친다. 그만큼 고통이 컸다는 말이다. 질풍노도인 청소년의 방황도 이와 비슷하다. 청소년기는 에너지가 많고 혼란스러운 시기이다. 이때 안정적으로 정체감을 형성하지 못하면 모든 것이 힘들어지는 극단적인 고통감의 상태에 이를 수 있다.

◆ 낮은 F 척도

낮은 F 척도의 해석은 간단하다. 문제가 적다기보다는 부인하는 것이다. F 척도의 적정 수준은 50T보다 조금 낮은 40~50T 수준이다. 일상에서 스트레스가 없을 수는 없다. 평소에는 직장에서 업무 수행을 잘하지만, 집에서는 부부싸움도 하고 아이들과 실랑이도 한다. 그리고 우리는 이러한 고민들을 주변 친구나 동료들과 나누면서(자신의 문제를 인정하고 공유하면서) 살아간다. 대부분의 사람들은 문제가 없다기보다 문제가 있는데 열심히 해결하면서 살아간다. 그래서 문제를 개방하지 않는 사람은 문제가 없다기보다 문제를 숨기고 있을 가능성이 높다.

4) 청소년의 F 척도(F1, F2)

- 청소년 F=F1+F2
- 성인 F≒청소년 F1/성인 F(B)≒청소년 F2

먼저 청소년의 F 척도에는 성인의 F(P)에 해당하는 척도가 없다. F1 척도가 성인의 F 척도이고 F2 척도는 성인의 F(B) 척도이다. 이렇게 정리를 하면, 이제 성인의 F 척도와 F(B) 척도에 대응시켜 해석하면 된다. 주의해야 할 것은 타당도와 임상척도의 주요 문항들이 설문지의 앞부분에 있어서 F1 척도에 영향을 주게 되고, 소척도들은 대부분 뒤쪽에 배치되어 있어서 F2 척도에 영향을 더 많이 주게 된다는 것이다.

▶ **4.** FBS 척도: 부정왜곡 척도(증상 타당도 척도)

FBS 척도는 부정왜곡, 더 정확하게 말하면 직접적으로 꾀병을 감별하기 위해서 만든 척도이다. 상해 관련 소송이 있을 때 심리적 고통감을 과장하는 사람들을 찾기 위한 것으로, 교통사고 환자가 PTSD를 호소할 때 꾀병인지 아닌지를 가려내는 데 필요한 척도이다. 그러나 꾀병의 여부를 척도 하나로 가려낼 수는 없다. 교통사고 PTSD 진단을 제대로 하기 위해서는 통상 한 달 정도의 입원 기간이 필요하다. 한 달 동안 하루 24시간 집중관찰을 했을 때에도 증상이 유지된다면 정말 PTSD라고 볼 수 있다. PTSD 진단 자체가 어렵기도 하지만, FBS 척도 자체가 타당도가 떨어진다는 연구가 있어서 일반 상담 장면에서의 사용은 권하고 싶지 않다. 나의 경험상 꾀병일 때 FBS 척도가 상승하는 경우가 있지만, 이보 다는 F 척도들을 활용하는 것이 좋다.

▶ 5. L 척도: 구체적 사고, 관습적 사고, 미숙한 사고

'매일 신문의 모든 사설을 읽지는 않는다'가 L 척도의 대표적인 문항이다. 요즘 시대에는 맞지 않는 문항이긴 하지만, 이 책을 보 는 분들은 대답을 다 할 수는 있을 것이고, 대부분 '그렇다'라고 할 거다. 이 질문에 '아니다'라고 대답하는 사람은 어떤 사람일까? "나는 매일! 모든! 사설을 읽어! 진짜야!"라고 하는 사람이다. 간단 하지만 꾸준히 유지하기는 어려운 일상생활 규칙을 얼마나 잘 지 키고 있는지 너무 티 나게 강조하는 것이다. 휴가도 안 가고 아프 지도 않고 365일 매일 사설을 볼 수가 있을까? 아주 작은 쓰레기 한 번 안 버리고 살 수 있는가? 정말 이렇게 생활을 한다면, 철저 하게 반복되는 규칙을 지켜 주기 위해서 주변 사람의 불편감이 증 가할 가능성이 높다. 유명인들을 보면 자기관리를 위해서 지켜야 하는 루틴이 많다. 그런데 본인의 생활규칙이 깨지지 않으려면 주변 사람들의 불편감이 높아진다. 그래서 돈 주고 매니저를 구 하는 것이다. 그리고 생활규칙을 잘 지키지 못하면서 L 척도의 문 항들에서 점수가 높은 쪽으로 대답을 한다면, 정말 순진한 수준에서 자신을 좋게 보이려는 사람이다.

L 척도가 높은 사람들이 완벽함을 추구하는 것처럼 보이지만, 중요한 포인트는 다른 곳에 있다. 사소한 실수들에 대해서 '아니다'라고 대답함으로써 얻는 것이 무엇일까? 길거리에 쓰레기를 한 번도 버린 적이 없다고 하는 사람이 이것을 표현함으로써 무엇을 얻을 수 있을까? '나는 정말 성실하고 착한 사람이다!'라는 자기만족과 타인의 인정이다. 다른 말로 하면, 성실하고 도덕적인 사람으로의 가치를 스스로 너무 높게 보고 이를 통해 타인의 인정을 받고 싶은 것이고, 유교적이며 가부장적인 전통 사회에서 칭찬받을 만한 행동에 집착하는 사람이다. 심리발달적으로 말하면, 초등학생 수준의 도덕성을 지키고 있다고 자랑하는 것이다. 매일 이를 닦는다는 것을 군이 강조해야 할 나이는 초등학교 1학년 정도이다. 건강한 성인은 이를 닦는 것이 일상이고 굳이 강조해야 할 내용이 아니기 때문에 하루도 빼먹지 않고 한다는 것에 집착하는 내용에 그렇다고 대답할 필요가 없다. 이들은 초등학교 1학년 수준의 도덕적 규칙을 잘 지키는 착한 어린아이의 마음 상태로 살고 있는 사람들이다. 친구들은 줄 안 서는데 혼자 줄 서서 칭찬 받으려고 하는 아이이고, 친구들은 횡단보도에서 뛰어가는데 혼자 신호등 지키며 친구들을 비난하는 아이이다. 그런데 나이가 40세인 성인이 이런 행동을 한다고 생각해 보자. 나쁜 행동은 아니지만 옆 사람들이 불편해지는 건 확실하다. 유연성이 너무 부족하기 때문이다.

L 척도는 자기의 좋은 모습을 보여 주려고 하는 것인데, 그 방식이 너무 고의적이고 순진해서 티가 많이 난다. 완벽하게 한다는

것은 거짓일 수밖에 없어서 점수가 높아지는 방향으로 대답하는
순간 거짓말이 된다. L 척도의 모든 문항은 명백문항이라서 요즘
말로 소위 꼰대로 보일 수 있는 질문들이 많은데, 이런 문항들에
서 점수가 상승하는 것은 생각의 세련미도 매우 부족한 것이다.
이들의 언어 표현은 매우 단순하고 투박하다. 좋게 말하면 직설
적이고, 나쁘게 말하면 고지식한 것에 가까운데, 기능적으로 가장
적당한 말은 곧이곧대로 행동하는 사람이다. 고려해야 할 다양한
상황을 고려하지 못한 채로 순진하게 규칙만을 강조하고, 심지어
뻔한 거짓말까지 한다. 문제는 본인은 정말 다 지킨다고 생각한
다는 것이다.

　순진한 도덕성을 가진 사람들이 가장 어려워하는 것은 사회적
유연성이다. L 척도가 높은 사람은 상사와 친한 사람이 승진을
빨리 하면 욕부터 한다. 사회성이 좋으니 친밀해지고 친밀해지
니 업무적 소통도 원활해지는 것인데, 이러한 순기능보다는 도덕
적 원칙을 경직되게 적용하여 문제점에 더 집착한다. 구체적 사
고(concrete thinking) 경향으로 인해 초등 수준의 도덕성에 갇혀서
더 넓은 세상을 유연하게 보지 못하는 것이다.

　초등학교 1학년 아이는 아빠가 빨간불에 횡단도보를 건너면 비
난한다. 5~6학년 정도가 되면 같이 뛴다. 그리고 중학생 되면 자
기가 먼저 뛴다. 이게 정상발달이다. 실제로 행위를 그렇게 하진
않아도 그러고 싶은 마음을 가지는 것이 정상이다. 그런데 이들
은 이런 행동이 안 된다. 도덕성에 있어서도 상황과 능력을 반영
하여 유연성을 발휘할 수 있어야 하는데 그렇지 못한 것이다[이에
대해서는 심리학개론에서 '콜버그(Kohlberg)의 도덕발달'을 참고하기

바란다].

　상담 장면에서 아이들과 부적응적인 관계에 있는 L 척도가 높은 아빠들을 자주 보게 된다. 아이는 상담에 열심히 다니고 있는데, 아이가 바뀌지 않아 알아보면 부모가 강압적인 경우가 많다. 그렇다고 반사회적인 부모도 아니다. 상담자 앞에서는 예의 바르게 행동하면서, 아이가 식당에서 떠들면 조용히 하라고 큰 목소리로 혼낸다. 식당에서 떠들면 안 된다는 도덕적 원칙이 중요하고 자신이 그걸 지킨다는 것이 삶에서 매우 중요한 나머지, 아이한테도 규칙만 강조하는 것이고, 내 아이의 즐거움보다는 알지도 못하는 불특정 타인의 안위를 걱정하는 것이다.

　이들은 고의적으로 부정직한데, 표현방식도 세련되지 못하다. K 척도와 비교를 해 보면, 직장상사가 혼냈을 때 K 척도가 높은 직원은 그 앞에서는 조용히 받아들이고 뒤에서 욕하면서 푸는데, L 척도가 높은 직원은 앞에서 참지 못하고 티를 내서 더 혼나고, 뒤에서는 도덕성 때문에 욕을 못하니 해소도 안 된다. 결과적으로 상대는 뒤에서 욕을 했는데(도덕적으로 문제가 있는데) 승진을 한 게 되고, 자신은 욕도 안 했는데(도덕적 문제가 없는데) 승진을 못하게 되니 억울할 수밖에 없다. 상담자는 이 억울함을 이해할 수 있어야 하고, 빠져나올 수 있는 방향을 제시해야 한다.

　다리가 장애가 있어서 뛰지 못하는(능력이 부족한) 사람에게 용기를 심어 준다고 "뛰어 봐!"라고 말하는 건 무책임하다. L 척도가 높은 사람을 비난하기보다는 이해하고 도와주어야 한다. 그 가치관과 도덕성의 중요성을 인정해 주어야 한다. 그러면서 다른 사람들의 관점(때로는 도덕성 말고 다른 가치들이 중요할 수 있다는 것)

도 있다는 것을 알려 주어야 한다.

생활상 있을 수 있는 인간적인 약점을 부인하는 경우도 많다. 힘든 일을 혼자 해 놓고 괜찮다고 하는데, 안 괜찮은 티가 많이 난다. 게다가 사회적 바람직성이 높다. 그래서 긍정왜곡을 가려내는 가장 효과적인 지표이다. "우리집은 거짓말이 없어요!" "가족들이 항상 모든 걸 다 공유해요!"라는 거짓말을 하는 경우가 있다. 거짓말이 적을 수 있고, 많은 것을 공유할 수는 있지만, 거짓말이 하나도 없고, 모든 걸 공유하는 집안은 없다. 긍정의 환상 속에 살 만큼 순진하고 경직되고 미숙한 사고 수준에 머물러 있는 것이다. 물론 이는 사회적·정서적으로 그렇다는 것이지, 인지적·직업적 영역에서는 제대로 기능하는 경우가 더 많다.

인지적 특징은 구체적 사고(concrete thinking) 경향이 강하다는 것이다. 진단적으로는 아스퍼거 장애(사회적 의사소통 장애)가 그렇다. 이전에 집전화만 있던 시절 어머니가 외출을 할 때 2시 약속인데 2시에 나가면서 "철수 엄마가 전화 오면 1시에 나갔다 그래!"라고 거짓말을 시킨다. 어머니가 나가고 보통 2시 5분쯤에 철수 엄마의 전화가 온다. 이때 정말 고지식한 아들은 "2시에 나가면서 1시에 나갔다고 말하라 했어요."라고 있는 그대로 말할 것이고, 조금 고지식한 아들은 "어~ 어~ (당황하는 티를 내면서) 1시에 나갔는데……."라고 할 것이다. 그러면 철수 엄마는 어머니가 1시에 나간 게 아니라는 걸 알아챈다. L 척도가 낮고 K 척도가 높은 아들은 아무렇지도 않게(어머니가 말하지 않았지만 그 밑에 있는 의미를 잘 파악하여) "엄마 1시에 나가셨어요."라고 말할 것이다. 어차피 철수 엄마는 오래 기다려야 한다. 어떤 반응이 가장 편하겠는가?

장점은 한번 익숙해진 행동을 꾸준히 지속할 수 있다는 것이다. 사고가 단순하고 경직되어 있어서 유연성이 필요하지 않은 정보에 대한 접근성이 높아지고, 규칙을 지킴으로써 자존감을 유지한다. 그래서 오랜 기간 장거리 출퇴근도 군말 없이 할 수 있다. 반대로 유연성이 필요한 상황은 피하려고 하는데, 이는 이들의 자존감을 손상시키기 때문이다. 사회성의 핵심은 유연성과 즐거움인데, 이를 발휘하지 못해서 자존심이 상하는 경우가 많다. 업무적으로나 공식적인 사회생활에서는 높은 성실성과 도덕성을 통해서 자존감을 유지할 수 있지만, 업무가 복잡해지거나 사교적 경향이 커질수록 대처 능력이 떨어지고, 불만이 쌓이면 타인의 사소한 규칙 위반 사항을 지적함으로써 존재감을 느낀다. 초등학교 수준의 미숙함이지만, 평소 능력이 높을수록 미숙함보다는 엄격함으로 보일 수 있다. 단순화시키면 경직성은 미숙이고, 유연성은 성숙이다. 콜버그의 도덕발달을 보면, 외부 규칙을 일방적으로 따르기보다는 내부의 규칙을 만드는 것이 더 성숙한 도덕성이다. L 척도가 높으면 미숙함이 동반되는 이유이다.

L 척도의 문항들은 모두 명백문항이다. 누가 봐도 꼰대라고 볼 수 있는 문항인데 표기를 한 것이다. 대개 학력이 높고 세련된 사람은 그런 생각이 있어도 없다고 대답하기 쉽다. 고지식해도 학력이 높은 사람은 어느 정도 자기방어를 할 수 있다는 말이다. 학력이 높은데 L 척도가 높다면? 그럴 수 있다. 가족 내에서 절대적으로 높은 직업적·경제적 능력을 가지고 있어서 가족들이 모두 눈치를 봐야 하는 상황으로, 배우자와 아이들의 부담감이 매우 커

질 수밖에 없다.

　L 척도를 나타내는 또 하나의 특징은 순진하다(naive)는 것이다. 초등학교 저학년 아동에게 "이 닦았니?"라고 엄마가 확인을 하면, 입을 다물고 "으…… 음……" 하고 거의 신음 소리를 내면서 슬슬 피해 간다. 닦지는 않았고 닦았다고 거짓말도 못한다. 자기관리를 못하면서 그로 인한 비난에 대처할 자신도 없는 상태, 그래서 이 두 가지 모습이 모두 주변 사람들에게 드러나 보이는 상태를 '순진하다'라고 하는 것이다.

　자기통제가 강하고, 도덕율을 잘 지킨다. 그러나 심리적인 통찰은 부족해서 사람들이 말하지 않았지만 마음속에 있는 깊은 뜻을 이해하는 능력은 부족하다. 소위 심리학적인 마인드(타인의 생각을 고려하는 능력)가 부족한 것이다. 자신에게 익숙하고 중요한 도덕과 규칙을 지키는 데 집중한 나머지, 상대의 입장과 감정을 고려하는 통합적인 해석을 하지 못한다. 이전에 유행했던 KBS의 〈안녕하세요〉라는 프로그램을 보면, L 척도가 높은 사람들이 많이 나온다. 남편들이 주로 비난의 대상으로 나오는데, 문제를 직면시키면 앞으로 변화를 위해 노력한다고 말하기보다는 입을 다물어 버린다. 미숙하게 부인하는 것이다.

◆ 낮은 L 척도

　L 척도는 대학교육을 받았다면 거의 30T가 되어야 한다. 높아도 40T 정도까지가 정상 수준으로 봐야 한다. 50T만 넘어도 척도의 특징이 두드러지게 나타나는 경우가 많다. 점수가 낮을 때는 군이 해석할 필요가 없다.

사례 해석 남자/52세/총포 선별

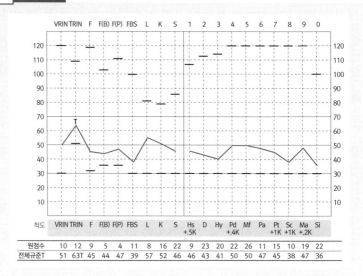

척도	VRIN	TRIN	F	F(B)	F(P)	FBS	L	K	S	Hs +.5K	D	Hy	Pd +.4K	Mf	Pa	Pt +1K	Sc +1K	Ma +.2K	Si
원점수	10	12	9	5	4	11	8	16	22	9	23	20	22	26	11	15	10	19	22
전체규준T	51	63T	45	44	47	39	57	52	46	46	43	41	50	50	47	45	38	47	36

　　52세 남성이고, 사냥을 위한 선별평가를 목적으로 방문하였다. 별다른 문제가 없이 일상적인 점검을 위해 의무적으로 오는 사람들의 전형적인 사례이다. 정신과적인 문제가 있어서 오는 것도 아니고, 있으면 안 되기도 하는 상황에서 하는 간단한 검사이다. 당연히 임상척도도 다 낮다. L 척도가 50T만 넘어도 고지식한 성향이 드러난다. 60T이면 매우 높은 수준이고, 70T까지 상승하는 경우는 잘 없다. L 척도가 높아서 '난 문제 하나도 없고, 바르게 살아온 사람이다'라고 강조하고 있는 것이다. 그런데 K 척도가 낮다. 사회적 기교가 부족하다는 것이다. 대면 상황에서의 행동이 투박할 수 있지만, 시골에서 농사짓고 가축 돌보는 상황에서는 그다지 생활에 방해가 되지는 않을 것이다.

6. K 척도: 세련된 자기방어, 자기애적 경계심

K 척도에 대해서 일반적으로 '방어'를 먼저 떠올리지만, K 척도의 원래 목적은 이와 다르다. MMPI의 목적은 일상생활을 확실하게 방해할 정도의 정신적 문제가 있는 사람을 가려내는 것이었다. 그런데 문제가 있으면서도 없는 척하는 사람들이 있게 마련이니 찾아내는 장치가 필요하다. '없는 척'에 대해서 생각해 보자. 그냥 거짓말이라고 단순하게 단정 짓기는 어려운 현상이다. 생존을 위해서 자기보호를 해야 하고, 살다 보면 문제는 있기 마련인데 드러내면 더 큰 문제가 발생할 수 있으니, 이를 감추는 것은 자연스러운 행동이다. 거짓말을 하는 나쁜 사람을 비난하기 위해서 찾아내는 것이 아니라, 방어를 한다는 건 어쨌든 문제가 있다는 말이니까 도움을 주기 위해서는 이를 찾아내야 한다. K 척도의 원래 개발 목적은 정신증이 있는데 임상척도에서 정상 프로파일을 보여 감별하기 힘든 사람을 찾는 것이었다. 방어를 너무 잘하는 사람을 찾아야 하는 것인데, 망상이나 환각 같은 정신증적 증상까지 감출 정도이니 전문가들도 속아 넘어갈 만큼 상당히 세련된 방식일 것이다. K 척도는 이러한 행동 경향을 나타내는 문항들이 모여 있다.

방어를 한다는 것은 문제가 있는데 없다고 하는 것이다. L 척도와 K 척도가 모두 방어적인 태도를 나타내지만, L 척도는 수준이 낮은 미숙한 수준의 방어이고, K 척도는 세련된 방어로 구분할 수 있다. K 척도가 높은 사람의 행동은 세련되어 있어서 괜찮은 척하는 것으로 보이지 않고 정말 괜찮아 보인다. 일상에서 K 척도가

높아서 문제가 되는 전형적인 케이스는 영화 〈죽은 시인의 사회〉
에서 마지막에 자살하는 아이의 아빠 역이다. 사회적으로 양호한
정도가 아니고 기능 수준이 매우 높다. 직업적 능력이 훌륭하고,
소위 덕망이 높다. 그런데 자기 아이에게는 세련되고 덕망 높은
모습을 보이지 않는다. 밖에서 고상한 척하기(방어하기) 바쁘기
때문에 집에서는 미처 고상할(방어할) 여력이 없는 것이다. 밖에
서 괜찮은 척하는 것은 에너지 낭비가 심하다. 상대가 마음에 안
드는데 맞장구를 치면서 대화를 하는 데는 에너지가 많이 든다.
그러니 만만하게 보이는(좋게 보여야 할 필요가 없는) 아이 앞에서
는 긴장이 풀어지면서 방어를 위한 에너지를 철저하게 아껴야 하
고, 이 과정에서 아이의 고통감이 커지게 된다. 이런 부모를 둔 아
이에게 주변 어른들이 자주 하는 말이 "넌 이런 부모를 둬서 좋겠
다."라는 말이다.

　L 척도가 높은 아빠와 K 척도가 높은 엄마의 조합은 정말 안 좋
다. 그런데 이 조합을 꽤 많이 보게 된다. 아빠는 L 척도가 높으니
성실하고 엄마는 K 척도가 높아서 사회활동을 잘한다. 그런데 아
이는 너무 힘들다. 능력 있지만 괜찮은 척하는 엄마는 밖에서 많은
시간을 보내고, 센스 없이 성실한 아빠는 집에서 잔소리만 많다.

　K 척도가 높은(70T 이상) 엄마의 전형은 백설공주에 나오는 마
녀이다. 이것저것 다 잘하는 사람이다. 집안도 카페 같이 꾸미고,
음식을 하나 해도 명품 식당처럼 한다. 자기가 만든 음식이 얼마
나 대단한지 말하면서 남이 필요한지는 묻지도 않고 막 준다. 필
요하지도 않은 걸 안 받는 사람이 나쁜 사람이 되는 것 같은 분위
기를 만든다. 나눔을 한다는 건 기분 좋은 일이고, 조금 불편해도

가끔 한 번은 견딜 수 있다. 그런데 이러한 친절한 강요를 매일 당하면 어떨까? 이런 사람은 남의 말을 안 듣는다. 그래서 남들이 감히 말하지 못할 정도로 완벽하게 일을 해낸다. 그러나 완벽함의 정도만큼 타인에 대한 믿음이 부족하다. L 척도와 달리, 세련된 능력을 바탕으로 좋은 모습만 보이는 데 성공하는 기간이 길어질수록 타인의 지적과 비난을 수용하는 능력과 상호소통을 통해 의사결정하는 능력이 부족해지고, 자신이 완벽한 모습을 보이지 않을 때 타인과 친밀한 관계를 맺을 수 있다는 것을 믿지 못하는 것이다.

K 척도가 60T이면 적당한 수준의 방어 능력이 있는 것이다. 그런데 상대적으로 봐야 한다. 임상척도가 다 낮은데 K 척도만 60T 이면 상당히 의심이 많고 방어적일 수 있다. 점수가 높지 않아 관계 초기에는 방어적인 모습이 티가 나지 않지만, 시간을 두고 보면 도통 남의 말을 잘 듣지 않는 경우이다.

K 척도가 높은 아빠는 밖에서 신사이고 집에서는 폭군일 수 있다. 밖에서는 센스 있게 행동하니 인정받고 성취하며 기세등등해진다. 회사 일을 잘하고 집에 왔는데 집안이 지저분하면 아내를 비난하고 아이들이 숙제를 안 했다고 또 비난한다. 엄마가 K 척도가 높으면 밖에선 솔선수범하고 봉사하는 이미지이다. 학부모 모임을 하면 제일 먼저 가서 준비하고 끝까지 남아서 챙긴다. 그런데 집에 와서는 아이를 제대로 보지 않는다. 아이도 자기처럼 솔선수범하길 바라면서 잔소리를 한다. 아이도 돌봄을 받아야 하는데 돌봄의 주체가 되기를 강요한다. 양쪽 부모 모두 아이한테는 결과적으로 공격인 행동을 하게 된다.

◆ 낮은 K 척도

MMPI에서 대부분의 척도들은 낮은 점수가 그다지 의미를 가지지 않는다. 그러나 K 척도는 낮은 점수를 놓치지 말고 확인해야 한다. L 척도가 높을 때 나타나는 사회성 부족이 기술적인 것이라면, K 척도가 40T보다 낮을 때 나타나는 사회성 부족은 신경질적인 것이다. 주로 상태의 영향을 받아서 스트레스를 받으면 K 척도가 낮아진다. 옆 동료가 일을 잘 못할 때 내가 상태가 좋으면 친절하게 도와줄 수 있다(K 척도가 60T 정도일 때). 그런데 내가 상태가 안 좋으면 같은 일에 짜증을 내기 쉽다(K 척도가 40T 이하일 때).

화와 짜증은 다르다. 화는 남에게 대놓고 내는 것이고 짜증은 자신에게 소심하게 낸다. 그래서 화를 내면 속이 시원하지만 짜증을 낸 다음에는 후회하게 된다. 피곤하지 않으면 할 수 있는 일이지만, 지금은 내가 기운이 없는데 일이 생긴 것이다. 물을 마시는 것 같이 간단한 일도 피곤에 쩔어 있을 때는 짜증이 난다. 평소에는 힘이 있어서 간단하게 할 수 있는 일인데 스트레스를 받아서 지금은 그걸 할 에너지가 없을 때 나타나는 행동이 짜증이다. 그래서 K 척도가 낮으면 신경질적이고 짜증을 많이 낼 가능성이 높다. 물론 장기간 K 척도가 낮은 상태로 지내 왔을 가능성도 있으니 확인을 해야 한다.

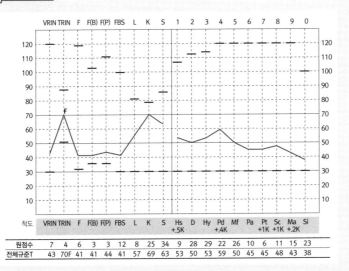

사례 해석 여자/42세/ADHD 아동 보호자

척도	VRIN	TRIN	F	F(B)	F(P)	FBS	L	K	S	Hs +.5K	D	Hy	Pd +.4K	Mf	Pa	Pt +1K	Sc +1K	Ma +.2K	Si
원점수	7	4	6	3	3	12	8	25	34	9	28	29	22	26	10	6	11	15	23
전체규준T	43	70F	41	41	44	41	57	69	63	53	50	53	59	50	45	45	48	43	38

　ADHD 6학년 아동을 데려온 어머니이다. 임상척도는 모두 낮고, 4번만 약간 높게 나타났다. 그리고 K 척도가 높다. '난 아무 문제가 없어요'라고 말하는 것이다. 그런데 L 척도도 높아서 도덕적인 모습까지 강하게 나타날 가능성이 높다. 이러한 경우, 문제를 인정하기 어렵고, 아이의 ADHD 또한 부인하기 때문에 적절한 대처를 하지 못해 문제 상황이 더 커질 수 있다. 보통 ADHD는 1~2학년 때 전문기관에 오게 되는데, 이 아이는 6학년에야 처음 기관에 왔다.

▶ 7. S 척도: 자기만족

　과장된 자기제시 척도라고 부른다. 해석을 하다 보니 자기제시라는 애매한 말을 사용하고 있는데, K 척도와 S 척도를 비교해서 이해하면 쉽다. K 척도가 높으면 '아무 문제 없다'라고 말하는 것이고(문제의 부인), S 척도가 높으면 '난 나에게 만족하고 있어요'

라고 말하는 것이다(긍정적 자아상). 같은 의미인데 표현하는 방식이 다를 뿐이다. 점수가 높으면 과장된 자아상을 어느 정도는 나타낼 수 있지만, 과장보다는 만족에 강조점이 있어서 자기애나 조증의 근거로 활용하기에도 부족하다.

검사를 해 보면 S 척도를 따로 해석해야 하는 경우가 잘 없다. 척도의 개발 목적이 선발 장면에서 자기를 과장하는 것을 찾아내기 위한 것이다. 선발 장면에서 S 척도의 점수가 높으면 긍정적인 모습들이 과장되어 있으니 조심하라는 의미이다. 그런데 MMPI를 선발 장면에서 사용하는 경우는 거의 없고, 검사를 해 보면 대개 K 척도보다 조금 더 높게 나오는 경우가 많아서 S 척도를 따로 보는 게 거의 의미가 없다.

◆ 낮은 S 척도

오히려 점수가 낮을 때 의미가 있다. 자기에 대한 긍정성을 낮게 보고하는 것으로, 냉소적이기 쉽다. 다만 S 척도가 두드러지게 낮은 경우가 거의 없다.

▶ **8.** VRIN 척도, TRIN 척도: 비일관성

- VRIN 척도: 그렇다–그렇다
- TRIN 척도: 그렇다–아니다

이 2개 척도는 발음도 어렵고 볼 때마다 헷갈린다. 그런데 그렇게 어렵지는 않다. 과감히 이 둘은 크게 생각하지 말고 해석하라고 권하고 싶다. F 척도는 내용상의 타당도를 보기 위한 거라면, 이 두 척도는 기술적인 면에서 타당도를 보기 위한 것이다. 일종의 잔기술을 사용한 것이고, 수검자들 중에 불쾌감을 표현하는 경우들도 종종 있다. 서로 짝지어진 문항을 여러 군데 심어 놓고 일관성을 보는 방식이다.

VRIN 척도는 같은 방향의 문구로 되어 있어서 앞의 문항에서 '그렇다'이면 뒤의 문항에서도 '그렇다'라고 대답해야 한다. 만약 그렇지 않으면(앞과 뒤의 답변 방향이 다르면) 일관성(성실성, 진지함)이 부족한 것으로 본다. TRIN은 반대 문항의 문구로 되어 있어서 앞의 문항에서 '그렇다'이면 뒤의 문항에서는 '아니다'라고 대답해야 한다. 만약 그렇지 않으면(앞과 뒤의 답변 방향이 같으면) 무분별하게 대답한 것으로 본다. 다시 말해, VRIN은 일관성 있게 대답하는 경향을 보는 것이고, TRIN은 무분별하게 대답하는 경향을 보이는 것으로, 같은 내용을 약간 다르게 측정한 것이다.

TRIN 척도는 F(false), T(true)가 뜬다. F(false)가 뜨면 검사 전체적으로 '아니다'라는 대답을 많이 한 것이고, T(true)가 뜨면 검사 전체적으로 '그렇다'라는 대답을 많이 한 것이다. 대개 T(true)가 높게 상승하면 F 척도와 임상척도가 높게 상승하고, F(false)가 높게 상승하면 L 척도와 K 척도가 상승하고 임상척도가 낮아지게 된다. 이렇게 연동이 되어 있기 때문에 척도 고유의 의미를 굳이 떠올려야 할 필요가 없다. 그리고 문항 수가 적어서 전체 MMPI의 정보를 무력화시키기에도 충분하지 않다고 생각한다. 점수가 높으면 해석에 주의가 필요한 정도로만 생각하자.

CHAPTER
03

임상척도

1. 1번 척도: Hs(hypochondriasis)

2. 2번 척도: D(depression)

3. 3번 척도: Hy(hysteria)

4. 4번 척도: Pd(psychopathic deviate)

5. 5번 척도: Mf(masculinity-femininity)

6. 6번 척도: Pa(paranoia)

7. 7번 척도: Pt(psychasthenia)

8. 8번 척도: Sc(schizophrenia)

9. 9번 척도: Ma(hypomania)

10. 0번 척도: Si(social introversion)

11. 프로파일 해석

Chapter 03 임상척도

나는 MMPI 1-3 유형이다. 이전에는 1번 척도의 성향이 강했는데 이제는 자신감이 붙었는지 3번 척도의 성향이 강해진 듯하다. 전 생애에 걸쳐서 부족했던 사회성을 생각하면 3번 척도의 상승을 생각하기 어렵지만, 사회적 기술보다 사랑받고 싶은 내면의 욕구에 집중한다면 맞는 것 같기도 하다. 타인에게 사랑받고 인정받고 싶으니까 가만히 상담실에만 앉아 있지 않고 이렇게 책도 쓰고 강의도 하면서 다수의 사람과 만나서 칭찬받을 기회를 만들고 있다. 그러다가 감당하기 힘든 스트레스 상황에 직면하면 몸이 아프다. 공부를 해 보니 어릴 때 허약했던 체질에서부터 시작해서 지금까지 중요한 고비마다 신체화를 통해 고비를 넘어온 것을 알 수 있었다. 그리고 그것이 오히려 도움이 되었던 적도 많았던 것 같다. 유치원 때는 허약체질이어서 거의 반 정도만 출석을 했다. 그런데 결석한 날 유치원에서 선물을 나눠 주고 나는 못 받은 일이 있었고, 초등학교에는 개근상이라는 게 있다는 걸 알게 되면서 초등학교부터 고등학교까지 12년을 개근했다. 그리고 수련받는 3년 동안은 감기 한 번 없이 정신 바짝 차리고 일을 했었다. 목표가 확실하면 목표를 수행하느라 바빠서 신체화라는 방어기제를 군이 발동할 필요가 없다. 그러면서도 봄, 가을 환절기마다 콧물감기를 달고 살았고, 의도하지 않게 벌초 시기가 되면 증상이 심해져서 일을 하기 어려운 상태가 되었다. 아직은 구타가 있었던 고등학교와 군대 시절에는 10대를 맞아야 하는데 1대 맞고 기절하는 기가 막힌 방어체계를 발동시키기도 했다. 높은 척도가 항상 드러나는 것은 아니다. 스트레스 상황에서 높은 척도와 관련된 방어기제가 행동으로 더 드러난다고 생각하면 된다.

초보자들이 MMPI를 해석하기 어려운 이유는 척도 제목과 매뉴얼에 정리된 문구만 가지고 해석을 하기 때문이다. 그리고 매뉴얼대로 척도가 65T를 넘지 않으면 어찌할 줄 몰라서 무기력해진다. 해석을 잘하려면 각 척도의 기본적인 의미를 알아야 한다.

DSM-IV에서 DSM-5로의 큰 변화 중 하나는 정신병리에 대한 시각이 범주적인 것에서 차원적인 것으로 바뀌는 과정에 대한 고민을 보여 준 것이다. 과연 정상과 비정상이 질적으로 완전히 다른 것인가(범주적 해석)? 같은 것인데 정도가 다른 연속선상에 있는 것인가(차원적 해석)? 각 장애마다 상대적 비중은 다르지만, DSM-5에서는 범주와 차원을 모두 고려하여 진단하고 있다. 실제 현장에서도 그렇고 MMPI 해석도 마찬가지이다. 범주적 해석과 차원적 해석을 모두 할 수 있어야 한다.

척도의 제목과 특정 점수 범위에 따른 해석을 하면 범주적 해석이다. 그런데 사람이 그렇게 단순하지가 않다. 중간 수준도 있고, 상대적인 해석도 해야 한다. 66T는 심각한데 63T는? 그렇다면 61T, 60T는? 딱 선을 그어서 해석하긴 어렵다. 차원적 해석을 할 수 있어야 하는데, 이를 위해서는 '기본차원'에 대한 이해가 필요하다. 기본차원은 『다면적 인성검사』(김중술, 2010)에 언급된 것으로, 55~60점 정도로 애매한 수준의 상승이 있을 때 MMPI 임상척도의 적응적인 측면을 설명하기 위해 만들어진 개념이다(Kunce & Anderson, 1976). 다만 해당 책에서 제시되어 있는 기본차원도 약간 수정되어야 할 필요가 있어서, 저자의 임상 경험을 더하여 임상척도 기본차원의 개념을 '각 척도의 핵심적 의미'로 확장하여 제시하려고 한다. 각 임상척도가 상승했을 때, 그 상승 정도에 상관없이 가장 먼저 생각해야 할 개념이라고 보면 된다.

1. 1번 척도: Hs(hypochondriasis)

- 기본차원 및 핵심적 의미: 신중성, 이성적 대처, 신체화
- 관련 장애: 신체증상 및 관련 장애

MMPI 해석을 위해서는 1번 척도를 깊이 있게 이해하는 것이 가장 중요하다. 1번 척도를 이해하기 위해 필요한 것이 무엇인지 알게 된다면, 그리고 그것들을 충족시킨다면 MMPI로 수준 높은 심리 교향곡을 연주할 수 있게 될 것이다. 1번 척도의 기본차원이 '신중성'이다. 신중하다는 것은 생각이 많다는 것인데, 생각은 감정에 대비되는 개념이어서 생각이 많다는 것은 감정을 누른다는 말이 된다. 그리고 감정을 누르면 몸이 고생을 하게 되는데, 이를 신체화라고 한다. 또한 건강염려증(hypochondriasis)이라는 척도 제목은 영어에서도 옛날 말에 해당하는 것으로, 당시에 신체화를

통칭하는 개념으로 사용된 것이다. 따라서 1번 척도는 건강염려
증을 포함한 넓은 개념의 신체화 경향성과 관련이 있다.

점수가 65T 이상 높으면 신체화 경향성이 있을 가능성이 높다.
즉, 스트레스 상황에서 신체증상이 나타날 가능성이 높다. 그러
나 점수가 높아도 신체화가 나타나지 않거나, 1번 척도가 가장 높
은 척도인데 55T 정도일 때는 기본차원을 적용하여 해석하면 된
다. 해석상담을 할 때 "당신은 신중함이 가장 큰 특징입니다. 평
소에는 신중하게 일처리를 잘하겠지만, 스트레스를 받을 때는 감
정을 잘 인식하지 못하고 몸이 이를 감당하다 보니 신체증상이 나
타날 수 있습니다."라고 하면 된다. 점수가 40T 이하로 낮을 때에
도 신중함에서 시작하면 된다. 신중함이 부족하니 대부분의 문제
를 충분히 깊이 있게 고민하지 않아서 문제가 발생할 수 있겠다.

신중하다는 것은 다른 말로 생각이 많다는 것이다. 지나치게 신
중한 것도 안 좋아한다. 생각을 많이 하면 감정에 접근하기가 어
렵다. 즉, 감정의 인식과 표현이 어려워진다. 감정은 높은 스트레
스 상황이거나 대인관계 상황에서 꼭 필요한 능력이어서 해당 영
역에서 문제가 발생할 수 있다.

생각이 많은 사람은 모든 걸 이해한다. 그래서 침착할 수 있지
만 몸은 고생을 하게 된다. 1번 척도가 높은 나는 생각을 많이 하
는 사람이다. 거기에 강박까지 있다. 대학 때 2시 약속을 정하고
는 1시까지 간다(물론 이제는 그러지 않고, 오히려 늦기도 한다). 약
속 시간에 늦지 않는 좋은 방법은 안전하게 훨씬 빨리 가는 것이
다. 혹시 실수했을 때 늦어지는 것까지 감안해서 먼저 가야 약속
을 정확하게 지킬 수 있다. 여유 있게 1시 50분까지 가려다가

50분을 확실하게 지키기 위해서 40분까지 가고, 40분은 애매하니까 30분까지 가기로 했다가, 30분도 뭔가를 하기 애매하니 아예 뭐라도 할 수 있게 1시간 전에 간다. 그리고 이렇게 1시간 일찍 갔는데 친구는 30분 늦은 2시 반에 온다. 그러면 나는 1시간 반만큼 화가 나는데 화를 표현하지 못한다. 그런데 2시 반에 오는 친구는 보통 그렇게 신중하지 못하다. 핑계를 대고 그걸 다 듣다 보면 늦은 것이 이해가 되면서 화를 낼 수가 없다. 아무리 나쁜 짓을 한 내담자여도 상담자는 그들을 이해할 수 있다. 상담자는 피해 당사자가 아니니 객관적으로 들을 수가 있고 내담자의 입장을 이해할 수 있기 때문에 내담자가 공감할 수 있는 해결 방법을 찾을 수 있다. 그러나 자신이 당사자일 때는 다르다. 감정은 표현해서 감소시켜야 하는 것인데, 이해를 하면 표현을 하기 어렵다. 화를 내야 하는데 타이밍이 늦었으니 화를 못 낸다. 그리고 이런 경향이 있는 사람은 다른 곳에서도 계속 참을 테니 화가 계속 쌓이고, 그것이 몸으로 간다. 그래서 나는 대학 때 십이지장궤양이 생겼다.

　신체화의 원리를 이해하자. 신체화가 있어서 신중하기보다는 신중해서 신체화가 오는 것이다. 생각을 많이 하는 경향은 내향성과 연결이 된다. 내향적인 사람은 사고 중심적이고 외향적인 사람은 감정 중심적이다. 외향과 내향이 어느 정도 타고나는 것이라고 본다면, 사고 중심이냐 감정 중심이냐 하는 것도 타고난 면이 있다. 그래서 1번 척도는 성격 척도(장기간 지속되는 심리적 특성을 나타내는 척도)이다. 1번 척도가 높은 사람은 어려서부터 신중하고 성실하여 착하다는 말을 많이 듣는다. 그런데 이 말은 욕구를 표현하지 않았다는 말이다.

감정이 쌓이면 왜 신체증상이 나타나는지를 이해하는 것도 필요하다. 1 더하기 1이 몇인지 물어보면 흥분되는가? 이성적인 작업을 할 때 우리는 흥분되지 않는다. 종합심리검사를 할 때 지능검사를 먼저 하는 이유 중 하나도 여기에 있다. 정서적으로 힘든 사람들이 많은데 이성적 작업은 정서의 영향을 크게 받지 않으니 먼저 실시하기 좋다. 그런데 갑자기 직장에 자신이 좋아하는 연예인이 방문한다는 소식을 듣게 된다면 그 생각만으로도 흥분된다. 강의 중에 잘 생긴 연예인 이름만 말해도 미소를 띠는 수강생들이 많이 있다. 흥분했다는 것을, 즉 감정을 느꼈다는 것을 어떻게 아는가?

다양한 감정 이론이 있고, 아직도 논란 중이지만 확실한 것은 감정반응이 있을 때 신체반응이 동반된다는 것이다. 어느 이론에 넣어도 맞는 사실은 감정을 느낄 때는 신체반응이 동반된다는 것이다(더 자세한 설명은 가장 최근에 출시된 심리학개론의 '정서' 부분을 참고하기 바란다). 감정을 느끼는 상황에서는 몸이 에너지를 써서 어느 방향으로든 행동을 해야 한다. 두려움이라는 감정이 들면 도망가야 한다. 사람을 좋아하면 가서 말도 붙이고 붙잡아야 한다. 어느 쪽이든 몸이 행동을 취해야 하고, 그러려면 에너지가 필요하다. 근육으로 피가 가야 하고, 심장에서 펌프질을 해야 한다는 말이다. 그런데 펌프질을 너무 많이 하거나 너무 적게 하면 혈관 및 관련 기관에 문제가 생긴다. 혈관은 신체 내부의 모든 것과 연결되어 있는 건강의 통로이기에 만병의 근원이기도 하다. 이렇게 감정은 몸과 연결되어 있다.

감정에서 또 하나 중요한 것은 감정이 보유의 대상이 아니라 해소의 대상이라는 것이다. 그리고 감정을 해소하는 가장 좋은 방법은 말로 표현하는 것이다. 감정을 느끼면 본인은 의식하지 못해도 몸이 반응한다. 화가 나면 심장이 뛴다. 감정을 느끼는 상황은 긴장 상황이다(교감신경계 활성화). 행동을 취해야 긴장이 풀리고 몸이 정상으로 돌아온다(부교감신경계 활성화). 그런데 감정을 느꼈고 몸이 반응하는데도 행동을 취하지 않으면, 문제가 해결되지 않아 스트레스가 지속되어 내부의 내장기관들은 계속 스트레스 상황에 맞게 활동을 하게 된다. 이 상태가 지속되면(교감신경계 활성화 지속) 몸에 과부하가 걸려서 취약한 곳에 문제가 생기게 된다. 아들은 나의 어린 시절과는 달리 몸이 건강한 편이다. 초등학교 3학년 때 아침에 아프다면서 학교를 못 가겠다고 하는데 누가 봐도 티 나는 꾀병이었다. 그래서 다시 달래서 보내기를 몇 번 했다. 그러던 어느 날 아침 또다시 작전이 실패하자 "나도 한번 아파서 병원 가고 학교 한번 늦어 보고 싶다고!"라고 거의 절규를 했다. 그냥 다른 아이들이 아파서 늦게 오는 게 부러웠던 거다. 이성적으로 판단하여 욕구를 억누르지 않고 솔직하게 말했고, 욕구의 크기를 인정하여 병원에 데려갔다. 학교는 한번 늦어서 지각을 했지만 그렇게 욕구를 해소했고, 이후에는 학교를 잘 다녔다. 개근상은 못 받겠지만 심리적으로는 쌓인 게 없는 상황이 된 것이다.

　나는 중학교 때 시험 날 아침만 되면 배가 아팠다. 부모님에게 말하진 않았다. 그런데 불과 2~3시간 만에 시험이 끝나면 거짓말처럼 괜찮아졌다. 병원 수련을 마치고 유학 준비를 할 때도 3~4개월 정도 돈도 제대로 안 벌고 영어 공부를 했다. 좁은 아파트에서 아내는 한 살짜리 아기를 돌보면서 옆방에서 우는 아이를 달래는데, 나는 공부를 해야 했다. 한 2개월 지나니 무릎이 아프고 허리가 아프고 두드러기가 났다. 그러다가 영어 시험을 한 번 보고 애매한 점수가 나와서 포기하고 돈을 벌기로 했다. 유학에 대한 욕구를 그만두는 순간 아픈 게 다 나았다. 통증은 애매할 수 있지만 겉으로 뚜렷이 보이는 두드러기가 더 이상 나지 않았다. 스트레스와 몸은 상당히 밀접하게 연결되어 있다.

문항들은 신체증상의 수로 구성되어 있다. 다양한 신체증상이 있는 쪽으로 표기하면 점수가 올라간다. 이들은 증상을 통해서 주변 사람을 조정한다. 평생 아픈 엄마가 있다. 아파서 아무것도 못한다. 아프니까 가족들이 뭐라고 비난할 수가 없다. 엄마 때문에 나머지 가족들이 하고 싶지만 하지 못하는 게 많은데 도덕성 때문에 탓을 할 수가 없다. 가족 중 한 사람이 절대 안 되는 게 있다는 건 다른 가족 구성원들이 모두 참아야(억압해야) 하는 상황을 발생시키고, 이는 다양한 정신장애와 연결된다. 아빠는 직장을 나가면 그래도 숨 쉴 틈이 있다. 그런데 성장기 아이들은 도망갈 곳도 없고, 조정당하는 데(엄마의 뜻에 따라서만 움직이는 데) 익숙해진다. "난 아프니까 그건 못하겠어."라고 하면 결국은 다른 사람이 해야 하기 때문에 의존적이고, 그러면서도 자기가 정말 하고 싶은 건 다 한다는 면에서 자기중심적이다. 팀을 이뤄서 발표하는 상황인데 모임이 있는 날 1명이 아프다고 안 오면 처음에는 걱정을 하겠지만, 두 번째 모임에서도 아프다고 하면 화가 나기 시작할 것이고, 세 번째 모임에서도 아프다고 하면 화를 참기 힘들 것이다. 이 정도가 되면 질병을 의도하진 않았더라도 책임을 질 생각이 없다는 건 확실하다.

1번 척도는 상태보다는 성격을 나타낸다. 시간이 지나도 잘 바뀌지 않는다는 말이다. 물론 MMPI를 여러 번 하면 점수가 조금씩 바뀔 수는 있지만 큰 차이는 없다. 심리학을 전공하지 않은 보통의 일반인들은 MMPI를 재실시해도 별다른 차이를 보이지 않는다. 그러나 심리학을 전공했다거나 정신과 장면에 대한 경험이 많다거나 하는 등 불필요하게 생각이 많아지면 재검사를 했을 때 점수가 완전히 달리 나오기도 한다. 보통의 수검자들은 별 차이가 나타나지 않는다. 다만 뭔가 의심이 들어서 순수한 상태의 수검자 모습을 보고 싶다면, 첫 번째 검사 결과를 찾아보라고 말하고 싶다.

실제 신체질병이 있는 경우 자신이 고통스러운 부위만 보고할 테니 척도가 많이 높아지지는 않는다. 그런데 신체화 경향이 있는 사람들은 애매한 불편감을 호소하는 것이어서 다양한 증상을 호소할 가능성이 높아진다. 그리고 이들은 효율성이 부족하다. 생각이 많아서 2시 약속에 1시까지 가니 혼자 일할 때도 효율성이 떨어지고, 아파서 남에게 일을 시키면 남이 두 배의 일을 해야 하니 타인의 효율성도 떨어진다. 지능과 부적 상관이 있다. 지능이 높다는 것은 더 많은 것을 고려할 수 있다는 말이다. 현재의 행동이 미래의 자신에게 어떤 영향을 미칠지 판단할 수 있기 때문에 현재 행동을 조절하게 된다. 지능이 높으면 자신이 아파서 문제를 해결하지 못하고 남에게 피해를 주면 그것이 결국 자신에게 돌아온다는 것을 더 잘 안다. 나는 신체화 경향성이 매우 높은 사람인데, 성장기에 부모 앞에서는 감기 걸린 모습을 자주 보였지만 병원 수련 3년 동안은 감기 한 번 안 걸렸다. 누울 자리를 보고 뻗

는 것이다. 자기관리가 철저하고 지능이 높고 열심히 하는 사람
은 이런 경향이 있어도 어느 정도 방어가 가능하다. 지능이 높으
면 신체화 경향성이 약한 게 아니다. 신체화 경향성 자체는 지능
과 상관이 없다. 단, 신체화 경향성에 대비할 수 있는 능력이 높을
뿐이다.

◆ 낮은 1번 척도

'건강에 대한 자신감'과 같은 긍정적인 해석은 권하고 싶지 않
다. '나약함에 대한 부정적 태도'도 적절하지 않다. MMPI의 목적
은 문제를 찾는 것이지, 긍정적인 장점을 찾기 위한 게 아니다. 그
래서 대개 점수가 낮을 때 중요한 해석을 해야 하는 경우가 많지
않다. 1번 척도는 특히 그렇다. 그리고 1번 척도가 40 이하로 낮
은 경우도 거의 없어서 해석을 해야 하는 경우도 적다. 그래도 점
수가 낮다면 기본차원에 따라 신중함이 부족하다는 해석 정도가
가장 적절하다.

사례 해석 남자/28세/과호흡, 어지러움

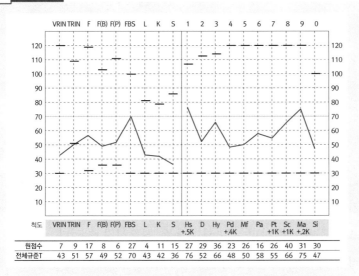

척도	VRIN	TRIN	F	F(B)	F(P)	FBS	L	K	S	Hs +.5K	D	Hy	Pd +.4K	Mf	Pa	Pt +1K	Sc +1K	Ma +.2K	Si
원점수	7	9	17	8	6	27	4	11	15	27	29	36	23	26	16	26	40	31	30
전체규준T	43	51	57	49	52	70	43	42	36	76	52	66	48	50	58	55	66	75	47

　　남자 28세로, 과호흡과 발성 문제, 어지러움 등이 주호소 문제이다. 의학적 문제는 없다는 것을 확인했다. 일단 호소하는 증상들이 모두 애매하다. 1-3 유형인데, 1번 척도가 더 높다. 3번 척도를 보면 애정 욕구가 높아서 타인의 인정을 받는 것도 중요해 보이지만, 1번 척도의 신중함이 더 중요해서 평소에 침착하고 이성적이어서 모든 것을 이해하고, 그러다 보니 감정 표현을 제대로 하지 못하고 억압되어 있을 가능성이 높다. 독특한 점은 9번 척도가 높다는 것이다. 1-9 유형은 흔하지 않은 조합이다. 9번 척도는 에너지이다. 9번의 에너지가 더해지니 신체증상을 더 격하게 호소하게 된다. 적극적으로 여러 병원을 찾아다니면서 신체증상을 호소하고 있을 가능성이 높다. 신체화 경향이 있는데 에너지가 많으니, 아프다는 걸 몸으로 뛰면서 보여 준다.

▶ **2.** 2번 척도: D(depression)

- 기본차원 및 핵심적 의미: 비교 평가, 부정적 사고 경향, 스트레스
- 관련 장애: 반응성 우울증

2번의 기본차원은 '평가'이다. 적당한 객관적 평가는 균형 잡힌 삶에 도움이 될 것이다. 그러나 지나친 객관적 평가는 우울감을 키운다. 우리 속담에 '아는 게 병이다' '사촌이 땅을 사면 배가 아프다' 등을 생각하면, 평가와 우울을 연결시킬 수 있다. 우리는 우리대로 행복했는데, 옆집 아들이 서울대학교를 가고, 앞집에서 좋은 차를 사면 갑자기 우울해진다. 더 잘사는 남들과 자신을 비교 평가하는 것은 행복했던 자신을 우울하게 만든다. 그런데 인과관계를 설정하기는 쉽지 않다. 사촌이 땅을 사면 배가 아픈 것인가? 이미 배가 아팠기 때문에 사촌이 땅을 사는 것을 견디기가 더 힘든 것인가? 현재가 만족스러운 사람은 사촌이 땅을 사도 불편감이 크지 않고, 현재가 불만스러운 사람은 사촌이 자신보다 더 작은 집에 살아도 다른 이유를 들어서 비교 평가하면서 우울해질 것이다. 그리고 조금 우울하지만 참고 견디던 중에 옆집에서 차를 사면 우울감이 더 커질 수도 있다. 따라서 우울과 부정적 사고에 이르게 하는 비교 평가가 관련이 있는 것은 맞지만, 인과관계보다는 상관관계로 봐야 한다.

2번 척도에 나오는 문항들에는 우울할 때 사람들이 많이 하는 부정적인 생각들을 모아 놓은 것들이 많다. 부정적인 생각을 많

이 한다는 건 어쨌든 상태가 안 좋은 것이다. 우울만을 특정 지을 필요는 없다. 부정적 사고는 다양한 상황에서 발생한다. 그래서 2번 척도는 직접적으로는 부정적 사고 경향을 측정하는 것이면서, 일반적으로는 현재 스트레스 수준을 반영한다. 그래서 우울 척도이면서 스트레스 척도라고도 부른다. 2번 척도가 높으면 '아, 이 사람이 지금 힘들구나'라고 생각하면 된다. 1번이 성격 척도라면 2번은 상태(상황적 요소의 영향을 많이 받음) 척도이다.

우울증은 단독 질환으로서 정신병리에서 차지하는 비중이 가장 높다. 대부분의 사람이, 그리고 정말 많은 사람이 경험하는 감정이고, 그만큼 원인도 다양해서 원인에 따라 치료법도 가장 많다. 어느 치료 방법이 가장 좋다기보다는 원인을 제대로 파악하여 적합한 치료법을 찾는 것이 중요하다. 정신분석적으로 치료할 우울증과 인지행동치료로 치료할 우울증이 다르다는 말이다. 2번 척도가 높을 때의 우울증은 반응성 우울증에 가깝다. 우울의 신체적 소인이 있기보다는 외부 스트레스에 따른 반응으로 나타났을 가능성이 더 높다. 그래서 2번 척도가 단독 상승하는 우울증은 스트레스를 제거하거나 스트레스에 대처하는 데 초점을 맞춰 상담을 진행하면 된다.

2번 척도가 65T를 넘지 않지만 상대적으로 가장 높은 척도일 때는 우울감이 오래되었을 가능성이 있다. 약한 정도의 부정적 사고 경향을 가진 상태가 주된 특징이면서, 자신의 부정적 사고를 위협적으로 느끼지 않아서 오랫동안 개선하지 않은 채 지내 왔을 수 있다. 약한 우울증 상태가 오래 지속되는 상태로, DSM-5 기준으로 지속성 우울장애(DSM-IV 기분부전장애)에 해당할 수 있

다. 그리고 2번 척도는 상황적인 스트레스를 반영한다는 면에서
다른 척도와 관련된 고통감을 뜻하기도 한다. 1-2 유형은 신체화
로 인한 고통감, 3-2 유형은 친절함을 유지시키는 과정에서의 불
편감, 4-2 유형과 6-2 유형은 타인에 대한 불만과 의심이 많지
만, 본인 또한 고통감이 큰 상태로 치료에 대한 순응성이 높아질
수 있다.

2번 척도가 높을 때 지나치게 자신을 억제하고 양보하는 모습
을 보이기도 한다. 우울하면 정신 에너지가 저하되어 의사결정을
잘하지 못한다. 결정을 하려면 대안들을 비교 분석해야 하고, 이
를 위해서는 에너지가 필요하다. 그러니 스스로 선택하기를 포기
하게 되는데, 결과적으로 자신을 억제하고 상대에게 양보한 게 되
는 것이다.

2번 척도가 높을 때 평소와 다른 신체생리적인 변화가 나타나
기도 한다. 우울할 때는 자주 그렇고, 스트레스가 클 때도 수면,
섭식 등의 문제가 발생하게 된다. 면담에서도 직접적으로 우울감
을 보고하지 못하는 내담자의 우울을 확인하는 좋은 방법이 최근
수면과 섭식의 변화를 확인하는 것이다.

신경질을 내기도 한다. 우울하면 짜증을 많이 낸다. 짜증은 원
래 할 수 있는 건데 에너지가 없어서 처리하지 못하는 일에 대해
서 가지는 감정이다. 스스로도 화낼 일이 아니라는 걸 알지만 화
를 내고 나서 후회하게 된다. 통찰이 있는 상태에서 화를 내는 것
이 짜증이다. 그래서 평소에 얌전한 사람이 최근에 짜증을 많이
낸다면 우울증일 수도 있다. 에너지가 떨어지면서 안 되는 일이
많아진 것이다.

◆ 낮은 2번 척도

　2번 척도가 40T 이하로 낮은 경우도 거의 없고, 해석을 할 필요도 없다. 부정적 사고가 적다는 것이지, 긍정적 사고가 많다는 것은 아니기 때문에 절대 낮은 점수를 긍정적으로 해석하지 않기를 권한다.

사례 해석 여자/28세/잦은 기분 변화

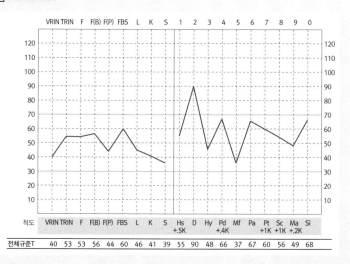

척도	VRIN	TRIN	F	F(B)	F(P)	FBS	L	K	S	Hs +.5K	D	Hy	Pd +.4K	Mf	Pa	Pt +1K	Sc +1K	Ma +.2K	Si
전체규준T	40	53	53	56	44	60	46	41	39	55	90	48	66	37	67	60	56	49	68

　28세 여성이다. 잦은 기분 변화를 주호소 문제로 방문하였다. 2번 척도가 90T로 매우 높게 나타났는데 F 척도가 평이한 수준에 그치고 있다. 우울해 죽겠다고 말하면서도 고통스럽지는 않다고 하는 것이다. 2번 척도가 가장 높은 척도인데 F 척도가 높지 않으면 우울증이 오래되었을 가능성이 높다. 심한 주요우울증도 자연치유 기간이라는 게 있다. 그런데 우울증 약을 10년씩 먹는 사람들이 있다. 평생 신체화가 있거나 공황장애 약을 20년째 먹는 사람도 똑같다. 인생의 큰 한이 있는 경우가 많다. 한에 압도되어 문제해결에 대한 책임은 회피한 채, 약을 먹는 것으로 자기가 할 일은 다 했다고 생

각하는 것이다. 장기화된 신경증 문제를 가진 사람들은 심각한 문제가 생기지 않을 정도로만 관리를 한다. 그러나 이 상태가 지속되면 작은 문제들이 계속 쌓이기 때문에 어느 시점에는 큰 문제가 생길 수밖에 없고, 그때가 되어서야 치료적 노력을 하게 된다.

2번 척도의 과도하게 높은 점수를 신뢰할 수 있을까? MMPI의 모든 결과는 수검자의 현재 생각이 그대로 반영된 것이다. 척도 그대로 해석하면 된다. 부정적 사고 경향이 이렇게 높지만, 높은 부정적 사고에 대해서 크게 이상하다고 생각하지 않는 것이다. 이런 사람이 어떤 사람일지를 판단하면 된다. 이 정도 극단적인 부정적 사고를 한다면 문제가 있을 가능성이 높다. 그렇다고 해서 '당신은 문제가 많습니다!'라고 해석하기보다는 기본차원을 중심으로 해석하는 것이 좋다. 우울이 장기화된 경우 '당신은 우울하다!'라고 하면 본인은 아니라고 할 수 있다. 그래서 우울을 직접 언급하기보다는 '검사 결과를 보니 부정적으로 생각하는 경향이 높다!'라고 하면 더 잘 받아들인다. 수검자는 6번과 4번 척도도 높다. 반사회성보다는 불만이 많은 정도로 볼 수 있고, 자존감이 낮은 것을 남에게 투사하여 남 탓을 하기 쉽다. 6번과 4번 척도의 주요 방어기제가 남 탓을 하는 것이니 문제가 해결되지 않는다. 그래서 우울해지고, 추가적인 문제가 생기면 또 남 탓을 하는 악순환이 계속되고 있을 가능성이 높다.

▶ **3.** 3번 척도: Hy(hysteria)

- 기본차원 및 핵심적 의미: 감정 표현, 높은 애정 욕구, 사회기술
- 관련 장애: 연극성 성격장애, 전환장애

3번 척도의 명칭이 '히스테리아'라고 하니 이름만 보면 헷갈리

기 쉽다. 우리나라 사람들이 보통 '히스테리 부린다'라고 하는 것과 정신의학에서 '히스테리'는 약간 비슷한 부분이 있긴 하지만 진단적으로는 완전히 다르다. 우리나라에서 일반적으로 '히스테리 부린다'고 하는 건 '신경질 낸다(짜증낸다, 화낸다)'를 뜻하는 경우가 많다. 정신의학에서의 '히스테리아'는 요즘 진단적 용어로는 전환장애(Conversion Disorder)이다. 그리고 발음이 비슷한 Hystrionic Personality Disorder는 '연극성 성격장애'라고 하는 또 다른 장애이다. 3번 척도의 주요 특성은 '연극성 성격장애'의 특성에 더 가깝고, 그것이 심해지면 '히스테리아', 즉 DSM-5의 전환장애가 있을 수도 있다.

　3번 척도의 기본차원은 '표현'이다. 여기서의 '표현'은 감정 표현이다. 감정 표현을 잘하는 사람은 사회성이 좋다. 직원이 파마를 하고 출근했을 때 "어우~ 너무 예쁘게 됐어요."라고 하면서 가장 먼저 반응해 주는 사람이다. 그러면 다른 직원들도 관심을 보인다. 추가적인 관심까지 이끌어 내는 것이다. 파마를 한 사람 입장에서는 첫 번째 반응하는 사람이 제일 고맙게 느껴진다. 이렇게 긍정적 감정 표현을 센스 있게 잘하는 사람이 3번 척도가 높다. 그런데 이렇게 빨리 변화를 알아채고 반응하는 이유가 무엇일까? 어떻게 그런 능력을 가지게 되었을까? 무의식적으로는 '내가 널 칭찬했으니 너도 빨리 나에게 고맙다고 해!'라는 의미가 깔려 있다. 대인관계의 핵심은 주고받기의 균형을 맞추는 것이다. 이들은 남들에게 먼저 관심을 보이고 도움을 주지만 그 무의식적인 목적은 결국 자기가 사랑받는 것이다. 사람들에게 칭찬받는 것이 삶의 주제인 사람들이다. '수고했어' '잘했어' '예쁘네' '착하다' 등 긍정적 관심 받기를 좋아하는 사람이다. 그러나 칭찬받고 싶은 욕구가 너무 드러나면 안 되니까 상대가 칭찬을 했을 때 (수줍게 웃으면서) '괜찮다' '아니야'라고 하면서 자기 노력의 가치를 부인한다. 그리고 자기의 수고와 부정적 감정에 대한 부인은 자신을 겸손해 보이게 만들어서 상대에게 긍정적인 이미지를 유지시킨다.

은근히 숨어 있는 욕구가 하나 더 있는데, 이는 점수가 70T 이상 과도하게 높을 때 많이 나타난다. 자신은 칭찬을 하고 남의 칭찬은 받지 않음으로써 자신을 상대보다 대인관계 권력에서 우위에 위치시킨다. 자신은 상대를 칭찬하고 상대가 자신을 칭찬하는 건 안 받는 척하면서 더 칭찬하게 만든다. 권력을 부리기보다는 칭찬을 더 받는 게 목적이긴 하지만 결과적으로 타인을 자신의 의도대로 통제하게 되고(계속해서 자신을 칭찬하게 만들어) 이러한 행동이 강해지거나 장기화되면 주변 사람들이 불쾌감이나 무력감을 느끼게 된다. 그러나 본인은 상대가 느끼는 불편감을 이해하지 못한다.

이들은 사람들에게 항상 칭찬을 들어야 한다. 그래야 자기의 존재 가치가 있다고 생각하는 사람이다. 자신이 우울한 모습을 보이면 사람들이 싫어한다고 생각하기보다는, 자신이 우울해져서 사람들에게 칭찬을 유발할 수 있는 행동을 하지 못하면 사람들이 자신에게 칭찬을 할 기회가 없어지는 상황을 견디지 못하는 것이다. 그러니 우울할 틈이 없다. 착하고 예쁜 것만, 그것도 열심히 해야 한다. 대개 여자가 많지만 남자들도 종종 보게 된다.

3번 척도가 높은 사람은 '초등학교 저학년인 공주처럼 자란 딸'

의 이미지로 성인기를 사는 사람이다. SCT(Sentence Completion Test)를 보면, 아빠를 '내가 원하는 모든 걸 다 해 준 신사'라고 과도하게 밀착된 모습을 보이는 반면, 엄마에 대해서는 긍정적이지만 건조한 표현에 그친다('친절하다' '책임감이 강하다' 등). 3번 척도가 높은 여성의 엄마도 3번 척도가 높았을 가능성이 높다. 엄마인 자신도 사랑받는 게 중요하기 때문에 밖에 나가서 인정을 받기 위해 노력한다. 그런데 다른 모임에 가서 칭찬받고 집에 오면 피곤해서 아이에게 친절할 에너지가 없다. 아이는 엄마가 관심을 보이지 않으니 가끔 보는 아빠에게 다가간다. 이때 엄마가 다른 사람에게 잘해 주는 것을 보고 배워서 아빠에게 사용한다. 그래서 초등학교 1학년 딸이 신사 아빠가 오면 물을 떠다 준다. 아빠는 이런 딸을 좋아한다. 그런데 신사 아빠는 딸에게 잘 하지만, 능력이 좋아서 밖에서도 찾는 사람이 많다. 그러니 딸과 있을 시간은 절대적으로 부족하다. 딸은 엄마와 있을 때는 조용히 있고, 아빠에게 칭찬받을 몇 번 안 되는 기회를 놓치지 않기 위해 아빠에게 친절 기술을 연마하며 기다린다. 다소 극단적인 설명을 했지만 정도의 차이가 있을 뿐 3번 척도의 점수가 높을수록 이러한 어린 시절을 보냈을 가능성이 높다.

이들은 칭찬을 받아야 한다. 칭찬보다는 좋은 말을 들어야 한다. 좋은 말을 듣는 것만이 삶의 주제이다. 사람들과 살면서 세상 사람들에게 듣는 말이 10마디가 있으면 칭찬은 얼마나 될까? 10마디를 들었는데 이 중에서 보통 생각할 때 중립적인 말 6마디, 좋은 말 2마디, 나쁜 말 2마디를 듣는다고 치자. 좋은 말 들을 때는 기분이 좋을 것이고, 중립적인 말에는 별다른 느낌이 없을 것이며, 나쁜 말을 들으면 당연히 힘들 것이다. 그러면 단순 계산으로 스트레스를 받을 확률은 10분의 2가 된다. 그런데 3번 척도가 높은 사람은 칭찬이 아닌 것(중립 6마디, 나쁜 말 2마디)을 모두 스트레스로 여겨서 스트레스의 확률이 4배나 증가하게 된다(10분의 8). 그러니 견디기가 힘들고, 칭찬에 집착하게 되는 것이다.

사무실에 새로 생긴 화초에 누가 말하지 않았는데 자기가 알아서 물을 준다. 그리고 모임에서 일할 사람을 찾으니 솔선해서 자기가 한다고 한다. 일을 해야 하는데 주말에 친구네 집안일까지 도우러 간다. 그러다가 일들이 하나둘 쌓이면 감당 가능한 수준을 넘어서게 된다. 약속이 겹치고 양쪽 모두 취소할 수는 없다. 이럴 때 신체화가 온다. 1번 척도의 신체화는 감정을 누르기 위한 생각의 결과라면, 3번 척도의 신체화는 인정에 대한 욕심의 결과이다. 그래서 1번 척도가 낮고 3번 척도만 높아도 신체화가 나타날 수 있다.

오히려 신체적 문제는 쉽게 인정하는데, 이에 대한 걱정은 표현하지 않는다. 왜일까? 약속 2개를 잡아 놓고 어느 쪽도 거절을 못한 상태에서 약속 시간이 가다오면 배가 살짝 아프고 열이 조금 나는 것 같다. 이를 이유로 2개의 약속을 모두 취소한다. 평소에 잘 하던 사람이니 주변 사람들은 걱정의 전화를 한다. '어디가 아프냐' '얼마나 아프냐'라는 질문이 들어올 텐데, 아픔에 대해서 제대로 얘기를 하지 못한다. 아프긴 하지만 아픈 게 핵심이 아니기 때문이다.

개인사를 보면 기본적으로 애정 결핍이 있는 사람들이다. 아빠가 무조건적으로 날 사랑한다고 느끼는 게 아니고, 내가 아빠를 챙겨 주니까 아빠가 나에게 잘하는 것이라고 생각한다. 그리고 아빠도 딸을 '예쁜 공주'(상징적 의미)로만 키운다. 신사 아빠에게 예쁨받는 딸로서의 역할만 배우게 되기 때문에, 자신을 호의적으로 보지 않는 사람들과 맞서 싸워야 하는 상황에서는 대처가 어렵다. 사람들에게 자신이 먼저 선행을 베푸는 것 말고는 관계를 맺는 능력이 없다. 그렇게만 컸기 때문이다.

애정 결핍이 심하니 애정 욕구가 높고, 내가 노력하지 않아도 사랑을 받을 수 있다고 믿지 않기 때문에 칭찬을 받기 위해서 과도한 노력을 한다. 그런데 나는 매일 화분에 물을 주지만 사람들은 매일 칭찬을 하진 않는다. 그리고 내가 칭찬하도록 사무실 사람들이 매일 파마를 하고 오지도 않는다. 점차 칭찬받을 상황은 줄어들고, 결국 10분의 8의 비난을 느끼는 상황이 된다. 보통의 무관심은 중립적인 상황인데, 이들은 무관심을 비난으로 여기고 내면의 분노가 상승한다. 아빠처럼 모두 자신을 칭찬해야 하고, 자신을 보고 "와~ 우리 예쁜 공주~"라고 해야 하는데, 그런 상황이 발생하지 않는 기간이 길어지면 점차 화가 난다. 그런데 이들은 칭찬을 받아야 한다. 그래서 화를 밖으로 표현하지 못하고 내면화시켜서 우울해진다.

그래도 못 견디면 퇴행을 하거나 신체화 증상을 보인다. 성인인데 퇴행을 한다는 건 의존을 한다는 말이다. 자기가 다 한다고 해놓고 일을 안 하면 남이 해야 한다. 해 달라고 부탁하는 것만 의존이 아니다. 자기가 책임을 다 하지 않으면 그게 의존이다. 문제 상황(자신이 인정받지 못하는 상황)에서 초등학생 수준으로 퇴행을 하기 때문에 명백한 문제 상황을 순진하게 부인하고, 남의 말에

솔깃하여 행동을 하게 된다(피암시성). 상대에게 잘 보여야 하니까 맞춰 주는 데 익숙해진 것이고 책임을 회피하기도 쉽다. 기본적으로 아빠 말을 잘 듣는 착한 딸로서 기능하고 있는 것이다. 이런 사람들은 최면에 잘 걸린다. 권위에 의지하는 모습을 보임으로써 권위자의 칭찬을 구하는 것이다.

이들은 피상적인 사고 경향이 높다. 이들과 대화를 해 보면 처음에는 기분이 좋지만 시간이 지나면 공허하다. 겉은 화려한데 알맹이가 없다. 상대가 자신을 칭찬하는 것이 중요하기 때문에 항상 생각의 초점이 '상대가 어떻게 생각하는가'에 맞춰져 있다. 상대의 생각을 파악하는 데 급급하기 때문에 스스로 진지하고 깊이 있게 고민할 시간이 부족하고, 피상적인 답변에 그치기 쉽다. 그래서 대화 초반에는 대화를 주도하던 사람이 중간에 어렵고 진지한 내용으로 바뀌면 입을 다물게 된다.

지금까지는 점수가 65T 이상 높을 때를 말하는 것이다. 3번 척도가 60T 정도이면 장점이 더 많다. 사회기술이 세련되어 대인관계를 원만하게 하는 데 도움이 된다. 사회성에만 집착하지 않고, 지적 능력을 비롯한 다른 능력들을 골고루 사용하여, 정신적으로 건강하고 사회적으로도 매력적인 사람일 수 있다. 그러나 칭찬받는 거 말고 다른 능력이 없으면 부적응이 커질 수 있다.

심리적 원리에 대한 통찰이 부족하다. 대처 능력 부족으로 자신이 관심의 초점이 되지 못하는 상황에서 미숙한 모습을 보이기 쉽다. 시간의 흐름에 따라가 보면, 과도한 성숙과 과도한 미숙이 번갈아 가며 나타날 수 있다. 보통 먼저 나타나는 것은 과도한 성숙이다. 초등학교 1학년이 아빠에게 물을 떠다 주고, 동생을 유치원에 데려다준다. 이는 과도한 성숙이다. 그런데 어려서 보호받고 싶은 기본적인 욕구를 충족하지 못하면 이 시기에 고착되어 나이가 든 다음에 퇴행을 하게 된다. 초등학교 1학년 때는 스스로 할 수 있는 게 별로 없으니 엄마에게 매달리는 게 정상이다. 그래서 의존하고 싶은 욕구를 해소해야 한다. 그러다가 대학 때 옷을 사 달라고 했는데 부모가 거절을 하면 바닥에 드러누워서 온몸을 흔들면서 소리를 지른다. 과도하게 미숙한 상태가 되어 억눌렸던 욕구를 이제야 표출하는 것이다. 미숙한 행동이 튀어나오는데 대부분 신체적 및 인지적 수준은 그 나이 수준에 맞으니 더 지능적으로, 더 강력하게 퇴행된 행동이 나온다. 그래서 아동기의 과도한 성숙을 방치하는 것은 좋지 않다.

이들이 남을 배려하는 건 내가 칭찬을 받으려고 배려하는 것이지 남을 공감해서 배려하는 게 아니다. 그래서 진짜 공감이고 배려인 줄 알고 친해진 사람들은 시간이 지나면 거부적인 마음이 생기고, 관계가 멀어진다. 간혹 아동폭력 가해자 중에서 3번 척도가 높은 사람이 있다. 자원이 없는데 밖에서 인정을 받으려니 모든 힘을 쏟아부어야 하고, 그러니 집에 와서는 쓸 에너지가 없다. 어린아이들은 나이에 맞는 욕구를 표현하는데, 이를 감당할 수가 없고, 아이들에게 인정받을 것을 기대하는 것은 아니니 잘 보여야 할 필요가 없고, 오로지 자신을 방해하는 대상으로만 보인다. 그러니 폭력을 행사하게 되는 것이다. 이들의 공감이 정말 공감이 아닌 이유이다.

◆ 낮은 3번 척도

3번 척도가 40T 이하로 낮을 때 우선적으로 고려해야 할 사항은 사회기술이 너무 부족하다는 것이다. 무미건조한 사람이다. 술을 마시려고 하는데 3번이 낮은 사람과 맞은편에 앉아 있으면 상당히 심심한 시간을 보내야 할 것이다.

사례 해석 여자/32세/연극성 성격장애

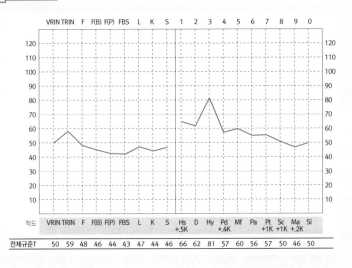

척도	VRIN	TRIN	F	F(B)	F(P)	FBS	L	K	S	Hs +.5K	D	Hy	Pd +.4K	Mf	Pa	Pt +1K	Sc +1K	Ma +.2K	Si
전체규준T	50	59	48	46	44	43	47	44	46	66	62	81	57	60	56	57	50	46	50

32세 여성이다. 3번 척도만 상승하고 있다. 연극성 성격 경향을 넘어서서 연극성 성격장애일 가능성이 높다. 만약 80T 정도라면 매사에 과도하게 감정 반응을 하기 쉽다. 그 강도가 강하니 처음 보는 사람들은 호감을 느낄 수 있어도 계속 보는 사람들은 거부감이 커질 수 있다. 그러면서 F 척도는 평이한 수준이어서 본인은 별다른 문제의식 없이 계속 과장된 언행을 지속할 수 있다. 또한 여성인데 5번 척도가 60T로 다소 높게 나타나고 있어서 감정 표현이 섬세하기보다는 투박하게 나타날 가능성이 높고, 이러한 모습들이 합쳐져서 부적절하게 애교를 떠는 것으로 보여 주변 사람들의 불편감이 커질 수 있다.

4. 4번 척도: Pd(psychopathic deviate)

- 기본차원 및 핵심적 의미: 주장성, 환경에 대한 불만, 공격성
- 관련 장애: 반사회적 성격장애, 아동 · 청소년기 품행장애

　보통 영어 단어는 어렵다. psychopathic은 antisocial(반사회적인)과 같은 의미이고, deviate는 많이 벗어났다는 뜻이다. 매우 반사회적인 사람을 지칭하는 것이다. 4번 척도의 기본차원은 '주장성'이다. 자기주장을 많이 하는 사람이 반사회적이라는 말이다. 자기주장성(self-assertiveness)은 서구에서 건강하게 보고 권유하는 심리적 특성이다. 그래서 자기주장성을 높이기 위해서 워크숍을 하기도 한다.

　4번 척도가 높으면 자기주장을 많이 하는 사람이고, 낮으면 자기주장을 적게 하는 사람이다. 자기주장을 적당히 하는 건 좋지만, 많이 하는 사람은 자기중심적인 사람이다. 3번 척도와 반대 방향의 마음을 가지는 사람이다. 3번 척도가 높은 사람은 타인의 생각을 중심으로 움직이는데, 4번 척도가 높은 사람은 자기의 생각대로만 움직인다. 자기중심적이고, 이기적인 사람들이다. 어느 정도 자기주장을 하는 건 마음 건강을 위해서 필요하다. 그러나 너무 많으면 문제가 된다. 주장을 하고 싶은 마음은 손해를 보지 않겠다는 마음과 같다. 보통 사람들보다 손해를 못 참는 사람은 자기주장을 더 할 수밖에 없고 이런 행동을 옆에서 보면 이기적으로 보인다. 어떤 사람이 손해를 못 참을까? 마음의 여유가 있을 때는 애매한 상황에서 '내가 손해 보고 말지'라는 생각으로 행동

한다. 그러나 반대의 경우에는 '내가 이런 것까지 참아야 하나?'라는 생각으로 행동한다. 불합리한 대우를 너무 많이 받았다고 생각할수록 더 이상은 못 참겠다는 논리가 성립하면서 자기주장을 강하게 하게 된다. 보통 사람은 억울함이 10 정도일 때 화를 내는데, 이들은 억울함이 2만큼만 되어도 화를 낸다. 이러한 민감성은 억울함 8이 이미 그전에 쌓였기 때문에 나타난다. 대부분은 성장과정에서 쌓인다. 직장에서만 보면 별일 아닌 일에 화를 내는 것이지만, 알고 보면 집에서 이미 상당한 고통을 겪으면서 지내 왔을 것이다. 이유 없는 무덤은 없다. 그만큼 못 견디는 데는 이유가 있다. 대부분 과거사를 보면 폭력적이거나 강압적인 부모에게서 자란 경우가 많다. 이미 억울한 게 많이 쌓여서 더 이상 쌓이는 것(또는 쌓일까 봐 걱정해야 하는 상황)을 못 참는 것이다. 그래서 분노조절이 어렵다. 분노가 많이 쌓여 있는데, 분노를 조절하는 법을 배우지 못했기 때문이다.

이들은 상당히 침착한 모습을 보이기도 한다. 충동적이고 공격적인 모습만 기억하면 맞지 않는 느낌이 든다. 그러나 사이코패스 영화를 보면 침착한 모습을 어렵지 않게 볼 수 있다. 범죄를 준비할 때 그리고 잡혔을 때 보면 매우 침착하다. 공격을 성공하는 것이 무엇보다 중요하기 때문에 침착하게 준비를 잘한다. 잡혔을 때도 빠져나갈 생각을 해야 하기 때문에 침착하게 상황을 파악하고 대응해야 한다. 이전에 이미 심한 고통을 당해 봐서 웬만한 처벌은 무섭지도 않기 때문에 더 침착할 수 있다. '호랑이굴에 잡혀가도 정신만 차리면 살 수 있다'는 속담을 직접 실천하는 사람들이다. 오히려 소위 착한 사람들이 잡히면 흥분한다. 나쁜 짓을 해서 잡혀 본 적도 없고 잡힌 것을 받아들이지도 못해 잡혔을 때 어떻게 해야 하는지 몰라 당황해서 그렇다. 이들의 삶의 주제는 규칙 위반이고 타인에 대한 공격이다. 이러한 목표를 이루기 위해서 침착해야 한다면 누구보다 침착할 수 있는 게 이들이다. 그래서 실전에서는 나쁜 놈이 이길 가능성이 더 크다.

이들은 철저하게 수리적인 판단을 한다. 마이클 샌델(Michael Sandel)의 『정의란 무엇인가』를 보면 초반에 대략 이런 내용의 질문을 던진다. '기차 선로에서 10명의 인부가 일하고 있는데, 브레이크가 풀린 기차가 달려온다. 그대로 있으면 10명이 죽는다. 내가 선로의 방향키를 가지고 있는데 그것을 돌리면 옆 선로에서 일하던 2명이 죽는다. 어떻게 할 것인가?' 결정권이 자신에게 있다면 어떻게 할 것인가? 어려운 주제이다. 아무것도 하지 않아도 10명이 죽는다는 결정을 내린 것이다. 여기서는 어떤 선택이 옳다고 말하려는 것은 아니다. 정상인이라면 상당한 고민을 할 문제라는 것이다. 그러나 사이코패스에게 물어보면 2명을 죽여야 한다고 아무렇지도 않게 말한다. 철저하게 수리적 판단을 하기 때문에 그렇다. 영화를 보면 이런 장면이 자주 나온다. 3~4명이 난관을 극복해야 하는 상황에서 꼭 주인공과 다른 1명이 의사결정 과정에서 싸운다. 탐험해서 갈 때 정의로운 주인공과 MMPI 4번 척도가 높은 친구가 같이 간다. 도중에 동료가 상처를 입어서 못가는 상황에서 주인공은 무리해서 업고 가려고 하는데, (4번 척도가 높은) 친구는 데리고 가면 다 죽으니 두고 가자고 한다. 물론 대부분의 영화에서는 주인공이 다시 가서 살리는 아름다운 결말로 끝나지만 현실에서는 어떨까? CEO 중에서 반사회성이 많다고도

하고, 반대로 반사회성 성향이 있어야 CEO가 될 가능성이 높기도 하다. 200명을 잘라서 800명을 살릴 수 있다면 사이코패스는 200명을 자른다. 오히려 착한 사장이 1,000명 다 데려가려다가 회사가 망해서 모두 힘들어지는 상황이 된다. 냉정하게 결정해야 한다. 1명, 1명 사연을 다 들으면 누굴 자를지 결정하기 힘들다. 숫자로 나온 성과에 따라 빨리 의사결정을 해야 회사가 살고 남은 800명이라도 살 수 있다. 공격성만 가지고 사이코패스 판단을 하기 어려운 경우가 많다. 수리적 판단 경향을 살펴본다면 감별에 도움이 될 수 있다.

　이들은 돌봄에 대한 공포가 있다고 한다. 따뜻하게 해 주려고 하면 피한다. 반사회성을 가진 사람이 주인공인 영화를 보면, 초반에 예쁜 여자 주인공이 보듬어 주려고 하면 '날 좋아하지 마'라고 하면서 상황을 회피한다. 이들의 삶의 주제는 분노 표출이고 규칙 위반이다. 그래서 공격성을 발휘해서 파괴하고 사람들을 불편하게 해야 한다. 그런데 누군가의 보살핌을 받으면 그 사람과 친밀감이 생길 수밖에 없고, 이렇게 좋아지는 사람이 생기면 그 사람을 공격할 수 없다. 그리고 공격할 수 없는 사람이 하나 생기면 그 사람이 하지 말라는 건 할 수가 없다. 치료적으로 좋아 보이지만, 이렇게 일방적으로 화를 참도록 하면 오랫동안 마음속에 쌓인 분노를 풀 수가 없다. 그래서 미리 차단하는 것이다. 영화를 보면 마지막 장면에서 반사회적이었지만 개과천선한 주인공이 악당을 죽이려고 할 때, 사랑하는 여자가 "넌 할 수 있어. 넌 같은 놈이 아니야!"라고 하면 부르르 떨다가 괴성을 지르면서 칼을 떨구고 악당을 경찰에 넘기게 된다. 여기서 괴성이 바로 마음속의

화를 떨쳐 내는 과정인 것이다. 이러한 아름다운 결말도 여주인 공과 오랜 관계 형성을 통해서 내면의 분노가 줄어들었기 때문에 가능한 것이다.

한 중학교 2학년 학생을 생각해 보자. 어려서부터 기본적인 대우를 받지 못하고 계속 맞고 자랐다. 초등학교부터 중학교까지 기억나는 건 자기 전에 아빠에게 맞지 않으면 잠을 못 잘 정도로 맞았다는 것뿐이다. 그런데 같은 반 반장은 방학마다 가족들과 해외여행을 다닌다. 어쩌다가 싸움이 붙어서 내가 몇 대 쳤는데 반장의 부모님, 교장선생님, 교감선생님까지 다 와서 사과를 하라고 한다. 이 아이는 기가 막힌다. 자신은 10년 넘게 매일 맞고 자랐는데 누구도 자신에게 사과를 한 적이 없는데, 반장은 한 대 맞았다고 사과를 하라고 한다. 받아들일 수가 없다. 물론 사과를 해야 하고 처벌도 받아야 한다. 그러나 상담자는 이 아이의 마음을 이해할 필요가 있다. 아이는 자기를 지켜 주지 않은 사회가 제시하는 규칙을 왜 지켜야 하는지 이해하지 못하고 있는 것이다. 공격성을 감소시키려면 사회가 자신을 지켜 준다는 것을 경험하게 해 주어야 한다.

사람들은 자기보다 고생을 적게 한 사람의 고통에 공감하지 못한다. 자신이 고생을 많이 했다고 생각하면 자기보다 고생을 덜한 사람을 얕보는 경향이 있다. 군대 다녀온 남자들은 자기 고생을 자랑한다. 이때 대부분의 여자들은 아니꼽지만 그 자랑을 받아 준다. 그러나 자신이 더한 고생을 했다고 생각하는 여자는 오히려 군대 다녀온 남자를 무시한다. 고통에 대한 공감은 상대적이다. 이러한 경향은 누구나 있는 것이다. 이들은 대부분의 사람보다 자신이 고통을 더 많이 겪었다고 생각하는 사람들이다. 그래서 해석상담을 할 때 가장 먼저 말해야 할 것이 세상에 불만이 많다는 것이다.

이들은 정서적으로 피상적이다. 자신의 고통이 너무 커서 타인의 고통에 공감하지 못하기도 하고, 분노와 공격성 같은 강한 부정적 감정에만 익숙하고 기쁨, 행복 등의 긍정적 감정에는 익숙하지 않기 때문에 공감할 수 있는 범위가 좁기도 하다. 안정적인 환경에서 자신의 감정에 대한 공감을 받아 본 적이 없고, 상대를 이용하여 분노를 표출하는 것에 집착해서 내면의 다양하고 복잡 미묘한 감정을 들여다볼 여유가 없다. 그래서 도구로서의 감정 인식 및 표현만 하게 된다.

대부분 강압적인 양육을 받았기 때문에 커서 힘이 생기면 규칙에 저항적일 수밖에 없다. 인내심은 규칙에 순응하면서 커지는 것이니 인내심이 커지기는 어렵다. 이들이 침착할 때는 공격 목표를 향해서 준비할 때뿐이다. 그리고 오로지 공격만이 목표이기 때문에 공격 욕구가 좌절되면 탈출구가 없다. 그래서 최종적으로 공격이 좌절되었을 때 폭발하듯이 화를 내는 장면을 영화에서 많이 보게 된다.

그런데 사회적으로 능숙할 때가 많다. 과거 강호순이라는 연쇄살인 범죄자는 많은 여자를 유혹해서 죽였다. 유혹할 수 있는 사회적 기술이 있다는 것이다. 범죄 드라마를 보면 형사가 범인을 잡았는데, (극 중에서) 연기를 너무 잘해서 빠져나오는 경우를 보게 된다. 왜 이렇게 사회적 기술이 좋을까? 이들의 삶의 주제는 규칙 위반과 공격인데, 이러한 행동을 계속 하려면 잡히면 안 된다. 그리고 잡혀도 빨리 빠져나와야 한다. 그래서 할 수 있는 건 다 한다. 자존심을 부리는 것보다 빠져나오는 게 중요하니 철저한 수리적 판단의 결과, 필요한 행동을 하는 것이다. 오히려 일반인들이 굽실거리는 것을 하지 못한다. 자존심 부리느라 목표를 순간적으로 상실하기 때문이다. 이들도 우울한 경우가 있는데, 이는 잡혀서 더 이상 규칙 위반을 하지 못하게 되었을 때이다. 나가서 공격해야 하는데 하고 싶은 것을 못하니 무기력감을 느끼고 우울해진다. 그래서 비행청소년이 잡혀서 상담에 왔을 때는 우울감을 호소할 때가 있다.

◆ 낮은 4번 척도

4번 척도가 낮은 경우도 그렇게 많지 않다. 가끔 나타나는데, 적극성이 부족하거나 문제 상황에서 수동적인 모습을 보일 수 있다.

사례 해석 남자/32세/반복되는 폭력

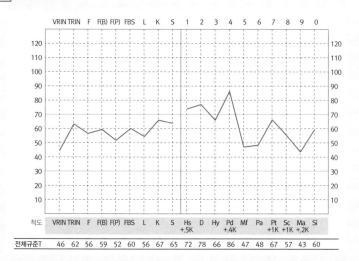

척도	VRIN	TRIN	F	F(B)	F(P)	FBS	L	K	S	Hs +.5K	D	Hy	Pd +.4K	Mf	Pa	Pt +1K	Sc +1K	Ma +.2K	Si
전체규준T	46	62	56	59	52	60	56	67	65	72	78	66	86	47	48	67	57	43	60

4번 척도가 이렇게 상승하면 내면의 불만과 공격성을 감출 수가 없다. 어느 척도든 70T 이상이면 그 성향이 행동으로 드러나서 주변 사람들에 의해서 관찰될 가능성이 높다. 그런데 9번 척도가 높지 않아서 에너지는 부족해 보인다. 그래서 공격 행동을 말로만 하고 있을 가능성이 높다. 다음으로는 1번과 3번 척도가 상승하는 것을 볼 때, 이 수검자가 화난 것은 사람들에게 인정받고 관심받고 싶은 마음이 충족되지 못한 것이 원인일 수 있다. 1번과 3번 척도가 높은 것은 4번 척도만 단독 상승했을 때보다 치료적으로 좋다. 화는 많이 났지만 다른 사람들에게 신경을 쓴다는 말이기 때문에 지지적으로 접근하는 것이 중요하다. 참고로 4번 척도가 높고 9번 척도가 낮으면 약한 정도로 공격적인 사람이 되는데, 4번과 9번 척도가 모두 높으면 행동까지 공격적인 사람이 될 수 있다. 그래서 4-9 유형은 반사회적 성격장애의 대표적 프로파일이다.

▶ 5. 5번 척도: Mf(masculinity-femininity)

- 기본차원 및 핵심적 의미: 역할 유연성, 남성의 여성적 특성, 이성과 다르게 대답하는 성향
- 5번 척도가 높은 남성: 예술적, 감정적, 관계 지향적 성향
- 5번 척도가 낮은 남성: 권위적, 공격적, 성취 지향적 성향
- 5번 척도가 높은 여성: 성취 지향적, 이성적 성향
- 5번 척도가 낮은 여성: 순응적, 수동적 성향, 책임감
- 관련 장애 및 상태: 성정체감 장애, (남성 동성애자)

5번 척도는 제목이 남성성-여성성 척도로 되어 있다. 그런데

이 척도는 다른 척도와 달리 약간 복잡한 면이 있다. 초판 개발 당시 기준집단이 '남성 동성애자 집단'이다. 그래서 5번 척도가 가장 잘 가려내는 집단은 '남성'이면서 '동성애'인 집단이라는 것이다. 그런데 남성 동성애자의 심리적 성향은 소위 여성적인 것들이 많다. 기준집단이 남성 동성애자 집단이니, 남성이 5번 척도가 높으면 남성 중에서 동성애 성향이 있는 사람들의 심리적 특성, 즉 여성적 특성이 높게 나타난다. 정확히 말하면 남성 동성애자들의 특성인데, 그것이 흔히 말하는 여성성과 비슷하니 쉽게 말해 여성성이라고 말을 하는 것이다. 여성이 점수가 높으면 남성적 특성이 높다고 하는데, 그것도 정확하진 않다. 여성이 이 점수가 높을 때 여성 동성애자인가? 그건 더더욱 아니다. 이 척도를 해석할 때는 척도의 목적이 남성의 여성성을 측정하기 위함이라는 것을 중심에 놓고 다음 내용들을 생각해야 한다.

남성 동성애자들의 심리적 특성은 소위 여성스러운 것들이 많다. 그런데 이 척도를 활용할 수 있는 대상 중에 동성애자들만 있는 것은 아니다. 오히려 성적 지향이 남성인데 여성스러운 심리 행동적 특징이 많은 남성에 대한 해석을 해야 하는 경우가 더 많다. 이 척도의 기본차원은 역할 유연성이라고 한다. 그러나 이러한 해석은 심리적으로 안정적이고 인지적 수준도 높은 일반 집단 또는 우수한 집단의 경우에나 해당된다. 임상 장면에서 5번 척도의 상승을 역할 유연성이 높다고 해석해야 할 일은 거의 없다. 비슷한 맥락에서 5번 척도가 학력이 높을수록 높다고 되어 있는데, 학력이 높을수록 상대 성에 대한 이해가 높긴 하지만 실상 그렇게 큰 차이가 나타나진 않는다. 내가 생각하기에는 여성들도 이 척

도를 측정해야 하니 역할 유연성이라는 중립적인 말을 찾아낸 듯
하다.

◆ 높은 5번 척도: 남성

'MMPI에서 말하는' 남성성과 여성성을 파악해야 한다. 각자가
개인적으로 생각하는 남성성과 여성성이 있겠지만, MMPI에서 말
하는 여성성을 이해해야 한다. MMPI 5번 척도를 이해하는 가장
좋은 기준은 '가부장적인 사회, 조선시대 유교적인 문화에서의 남
성과 여성에게 요구되는 특성'을 생각하면 된다. 그런데 서구라고
해서 다르지 않았나 보다. 가부장적인 사회, 즉 남성 중심의 사회
에서 여성은 순종적이고 차분하면서도 책임감이 있어야 한다. 불
씨를 꺼트리면 안 된다는 것은 남자가 없을 때 가정 내 자원을 잘
지켜야 한다는 것을 의미한다. 남자는 나가서 사냥을 해야 하니
경쟁적 · 공격적 · 성취 지향적이어야 한다. 산에 멧돼지가 한 마
리인데 우리 가족을 더 먹이려면 남들보다 우위에 있어야 한다.

동성애 여부에 상관없이 여성성이 높은 남자가 우리나라 사회
에서 고등학교 졸업까지 견디기는 너무 힘들다. 남자아이가 여
성스러운 제스처를 취하면 호감을 얻기가 힘들다. 보통 초등학
생 때 자기 행동의 특이함을 인식하기 시작한다. 생활 경험을 통
해 보통의 남자아이들과는 다르다는 것을 인식한다. 축구보다는
종이접기를 하거나 도란도란 이야기하는 게 좋다. 뭔가 특이함
은 인식하지만 초등학교까지는 주변 아이들도 그렇게 거부적이
지 않으니 불편감이 크지 않다. 그런데 여성성이 높은 남성의 문
제는 남성적 특성을 싫어한다는 것이다. 그래서 동성 친구와 주

로 어울리게 되는 초등학교 시절에 동성 친구를 사귀기가 힘들어
진다. 특히 사회에서 요구하는 남성에 대한 책임과 부담을 싫어
한다. 남성은 강해야 하고 도전해야 하고 성취해야 하는데, 이러
한 요구를 부담스러워하는 정도를 넘어서서 혐오스러워한다. 남
성성이 높은 여성들도 여성성에 대한 요구(여자는 순종적이고 책임
감이 강하며 따뜻해야 한다)를 싫어한다.

5번 척도가 높은 남성은 동성 또래와 어울리기 어렵고 점점 고
립되어 우울감을 느끼기 쉽다. 화도 나지만 문제해결에 있어서는
수동적이기 때문에 제자리에 머문 채 대응을 하지 못한다. 우리
말 관용구에 "기지배처럼 그게 뭐야!"라고 하는 말이 있다. 이 말
은 수동성을 비난하는 말이다. 그리고 "남자가 화통하게 해야지!"
라고 추가적인 비난까지 받게 된다.

남성이 70T가 넘으면 동성애적 성향을 확인하는 게 좋다(트랜스
젠더의 가능성도 있지만, 확률이 너무 떨어진다). 동성애 여부를 본인
스스로 확신하기까지는 시간이 많이 걸리고, 그 과정에서 상당한
혼란을 겪게 되는데, 대부분 성적 지향을 주변 사람들과 공유하지
못한 채 외롭고 고립된 채로 지내는 경우가 많다. MMPI 점수를
근거로 그 가능성에 대해서 언급해 준다면("이 점수가 70T 이상일
때는 동성애인 경우들이 종종 있는데 어떠신가요?") 라포 형성에도 도
움이 된다.

남성이 5번 척도가 높을 때는 두 가지를 다 봐야 한다. 여성성
이 높기도 하지만 남성적 흥미가 부족하기도 하다. 축구하기 싫
은데 남자아이에게 좋다고 부모가 강요를 한다. 아이에게는 지
옥이다. 이들은 심미적·예술적 흥미가 높다. 그래서 각종 예술

적 흥미를 즐기기 위해서 외부 활동을 많이 한다. 그리고 감정적
이다. 불안정하다기보다는 감정을 잘 다뤄서 잘 느끼고 인식하고
표현한다. 이러한 감정적 능력을 바탕으로 평화로운 대인관계를
유지한다(관계 지향).

 5번 척도가 높으면 여성적이라 하는데 구체적으로 보면, 감정
적 · 대인관계 지향적 · 예술적 성향이 강하다. 5번 척도가 높으면
적응을 위해서는 이 세 가지 욕구가 잘 해소되고 있는지 봐야 한
다(감정을 잘 다루는가? 대인관계가 원만한가? 예술적 성향을 잘 발휘
하고 있는가?). 동성의 상대를 만나지 못하더라도 세 가지 욕구가
해소되면 적응적으로 지내고 있을 가능성이 높다. 현실적으로 우
리나라 사회에서 대학을 가야 해소가 되는 것들이다. 그전에 이
욕구를 해소하기는 쉽지가 않다. 그래서 청소년기에 이러한 욕구
를 해소하기 위한 장치들이 많이 필요하다. 5번 척도가 높은 남자
의 단점은 수동적 · 의존적 · 복종적이라는 것이다. 점수가 높은
남성도 문제지만 여성이 점수가 낮은 경우에도 같은 문제가 생
긴다.

 ◆ 낮은 5번 척도: 남성

 남성이 5번 척도가 낮으면 경쟁적 · 공격적 · 성취 지향적이고,
마초적인 사람이다. 마초가 되려면 자기가 속한 집단에서 상대적
으로 높은 능력이 있어야 한다. 그래서 권위적이고 자기중심적이
다. 가끔 능력이 없는데 마초 성향을 발휘하는 사람이 있는데, 이
경우는 주변 사람들이 더 약한 경우가 많다. 능력 있는 마초는 통
제하기 힘들다. 요즘 40대 남자가 200만 원을 번다면 잘 버는 건

아니다. 그런데 아내는 직업이 없는 주부이다. 그러면 남자가 집에서 완전히 마초가 될 수 있다. 능력은 상대적인 것이다.

◆ 높은 5번 척도: 여성

여성이 5번 척도가 높을 때 가장 중요한 특징은 성취 지향적이라는 것이다. 5번 척도가 높은 여성의 SCT에는 본인이 사업을 하고 싶다거나, CEO가 되고 싶다는 내용이 자주 등장한다. 이들에게는 성취가 중요한데, 이때의 성취는 본인의 노력으로 달성한 것만 해당이 된다. 이들에게 남편이 승진하고, 자녀들이 좋은 대학에 가는 것은 그다지 기쁨을 주지 못한다. 5번 척도가 높은 여성은 주부로서 애를 키우는 것보다는 100만 원 벌어서 100만 원을 모두 도우미 이모님에게 주더라도 직장생활을 할 때 심리적으로 더 안정적이다.

5번 척도가 높은 여성이 주부일 때 성취를 남편과 아이를 통해서 하려고 시도한다. 남편을 챙기는 건 좋은데, 문제는 대부분 아이들과의 관계에서 발생한다. 자신이 하지 못한 성취를 아이가 해야 하니까 학원을 많이 보내고 계속 잔소리를 하면서 숙제를 시킨다. 그러면서 아이들의 고통에는 공감하지 못한다. 아이들은 엄마의 따뜻함을 느끼기 힘들다. 아이들을 위해서 자기가 해야 할 일은 열심히 한다. 새벽에 일어나서 밥 하고 남편 보내고 아이들 숙제도 꼼꼼히 챙기고 소풍 때 정성 들여 김밥도 싸 준다. 그런데 아이가 숙제를 안 하면 혼내기만 한다. 대부분의 경우 아빠들도 지적만 하기 때문에 이런 경우 이 집은 아빠가 2명이 되어 공감해 주는 사람은 없고, 성취를 위해 자극만 주는 환경이 된다.

엄마가 5번 척도가 높은데, 아빠도 5번 척도가 높은 부모가 있다. 아빠가 아이를 보듬어 주면 좋은데 예술성이 높아서 기타 치러 외출을 자주 하기 때문에 공감해 줄 시간이 없다. 5번 척도가 높은 엄마는 자기 할 일만 하고 공감은 못 해 준다. 결국 아이만 고립되는 상황이 된다. 그래서 부모교육을 시켜야 한다. 따뜻해서 따뜻하게 말하는 게 아니라 따뜻하게 말하도록 연기를 시키면 된다. 이성적인 엄마는 차라리 숙제로 내주면 행동 변화가 일어나기 쉽다. 아이가 싸우고 오면 이유와 상황을 따지기보다는 안아 주고 다친 곳을 먼저 확인하도록 부모를 교육하자. 성향이 바뀌길 바라지 말고 공감적인 반응을 하도록 교육하면 된다. 엄마의 행동이 바뀌면 아이는 이해받는 느낌을 받는다. 인위적이어도 실제 공감을 받은 아이의 문제행동은 줄어들 것이고, 엄마는 문제해결을 잘한 것이어서 그 행동이 지속되기 쉽다.

5번 척도가 높은 여성은 전통적 여성적 역할에 대한 거부가 심하다. 대표적인 문제는 회사에 취직을 해서 상사가 "커피 좀 타 와 봐."라고 할 때 보통 여성들도 기분 나쁘지만 그냥 한다. 먹고 떨어지라는 식이다. 그런데 이들은 안 하고 저항한다. '여자를 이렇게 취급하다니!'라고 하면서 못 견딘다. 견디는 정도가 다른 것이다. 결혼했는데 시부가 권위적일 때도 마찬가지이다.

◆ 낮은 5번 척도: 여성

여성이 5번 척도가 낮으면 순종적이고 차분하고 책임감이 있다. 여성이 5번 척도가 낮을 때 문제는 스트레스 상황에서 수동적이라는 것이다. 그런데 남편에게만 그런 게 아니라 아이들 문제에 대해서도 그렇다. 아이가 ADHD인데 병원에 데려가지 않고 문제가 커진 초등학교 5학년이 되어서야 데려온다. 긍정적인 것은 책임감은 있다는 것이다. 그래서 주부로서, 아내로서, 엄마로서 해야 할 일들을 잘 해낸다.

사례 해석 남자/21세/자살사고

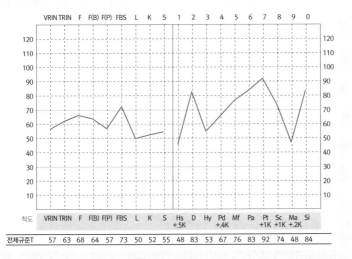

척도	VRIN	TRIN	F	F(B)	F(P)	FBS	L	K	S	Hs +.5K	D	Hy	Pd +.4K	Mf	Pa	Pt +1K	Sc +1K	Ma +.2K	Si
전체규준T	57	63	68	64	57	73	50	52	55	48	83	53	67	76	83	92	74	48	84

　21세 남성이다. 자살사고를 주호소 문제로 방문하였다. 5번 척도 단독상승이 아니다. 2번, 7번, 0번 척도가 모두 높게 나타났다. 힘들다는 말이다. 6번과 8번 척도도 상승했다. 힘들어 죽겠다는 말이다. 이런 척도에서는 5번 척도를 의미 있게 보기 힘들다. 꼭짓점이 아니어서 그렇다. 5번 척도가 67T이면 매우 높은 수준이다. 5번 척도는 50T만 넘어도 성향이 드러난다. 55T면 확실하고 60T이면 강하고 70T이면 동성애 가능성이 높다. 그만큼 민감한 척도이다. 초심자는 5번 척도를 빼먹는 경우가 많다. 점수가 높아도 행동상으로 여성성이 드러나지 않을 수 있지만, 실생활에서 그런 성향이 있을 가능성은 높다. 그래서 추후 상담에서는 고려해야 한다.

▶ **6.** 6번 척도: Pa(paranoia)

- 기본차원 및 핵심적 의미: 호기심, 의심, 낮은 자존감
- 관련 장애: 편집성 성격장애, 망상장애, 조현병

6번 척도의 기본차원은 '호기심'이다. 의심보다 호기심을 기본으로 한다면, '아는 게 병이다'라는 말이 딱 맞는 척도이다. 호기심이 너무 많으면 불필요하게 사소한 것까지 관심을 가지게 되고 몰라도 되는 것까지 알아서 걱정을 하고 의심을 하게 된다. 남편을 믿고 남편의 폰을 그동안 보지 않았었는데 어느 날 급하게 검색을 하느라고 남편 폰을 봤고, 마침 톡이 떠서 없앤다고 하는 것이 누르게 되었고, 내용을 보니 너무 친한 사이인 듯한 문자를 보게 된다. 아니겠지 싶지만 생각해 보니 남편하고 요즘에 소원했던 것 같고, 누군가와 전화할 때 밝은 표정으로 방에 들어가서 혼자 전화를 받았던 모습이 떠오른다.

호기심이 적당히 있으면 삶의 활력소가 되어 도움이 많이 된다. 그리고 너무 낮으면 재미가 없다. 호기심이 많다고 해서 무조건 문제가 되는 건 아니다. 호기심에 더하여, 외부 환경에 대한 불신감이나 경계심이 있으면 의심이 되고, 자존감이 낮으면 그 의심은 더 강해진다.

사실 호기심은 해석상담을 시작할 때 도움이 될 뿐, 6번 척도의 핵심은 의심과 낮은 자존감이다. 이들은 성장 과정에서 자존감을 키울 수 있는 신뢰할 만한 외부 환경을 경험하지 못했을 가능성이 높다. 그런데 이들이 의심하는 대상을 분명히 할 필요가 있다. 그

대상은 '자신에 대한 남들의 부정적 평가'이다. 그래서 낮은 자존
감이 관련이 있는 것이다. 3번 척도와 비교해서 설명하는 게 6번
척도의 특징을 파악하는 데 도움이 된다. 본인이 파마를 하고 출
근했을 때 동료가 "너 파마했네~"라고 중립적인 관심을 보이면,
3번 척도가 높은 사람은 웃으면서 "어때? 예쁘지?"라고 기분 좋게
반응하는 반면, 6번 척도가 높은 사람은 "왜? 뭐가? 이상해? 어쩌
라고?"라고 신경질적으로 반응할 것이다. 중립적인 상황에서 3번
척도가 높은 사람은 칭찬을 예상하는 반면, 6번 척도가 높은 사람
은 비난을 예상하기 때문이다. 그리고 별거 아닌 일에 이렇게 비
난을 예상하는 이유는 자존감이 낮은데 자존심은 강해서 그것을
드러내기 싫어하기 때문이다. 도둑이 제 발 저리는 상황이다.

대인관계 민감성이 높다. 의심이 많으면 어떤 행동을 할까? 남
편이 바람을 피운다고 의심을 하려면, 그리고 그 의심으로 화를
내려면 자신이 깨끗해야 한다. 그래야 화를 낼 수 있다. 적반하장
은 거짓이 아니다. 스스로가 정말 떳떳하다고 믿고 있기 때문에
나타나는 현상이다. 타인의 잘못(자신에 대한 기만)에 대한 의심은
자기 정당성을 동반한다. 남이 나쁜 짓을 한다고 의심을 하려면
일단 자신은 그러지 말아야 한다. 그래서 이들은 자기관리를 잘
해야 한다. 평소에는 성실하고, 규칙을 잘 지키며, 타의 모범이 되
기까지 한다. 문제는 시야가 경직되어 있어서 바람에 대한 다른
사람들의 관점을 수용하지 못하고, 이로 인해 갈등이 생기기도
한다.

의심이 많은 사람은 자존감이 낮다. 극단적인 상황을 설정해 보
자. 내 남편이 바람을 폈는데 내가 예쁘고 경제적 능력도 있어서

남편과 헤어지고 더 좋은 남자랑 만날 수 있는 게 확실하다면 남편의 외도는 환영할 만한 일이다. 남편이 외도를 해서 나의 자존감에 타격을 줄까 봐 불안해 할 필요가 없다. 다른 요소도 있겠지만 자존감에 초점을 맞춰서 말해 보면, 남자가 다른 여자를 만났다는 건 이 남자가 나보다 다른 여자를 더 높게 평가한다는 말이다. 당연히 여자는 기분이 상할 수 있는데, 여자의 자존감이 낮을수록 그 정도는 더 심해진다. 물론 상황을 바꾸면 남자도 똑같다. 자존감이 높은 사람들도 의심을 하지만 별다른 증거가 없다는 것을 확인하면 그냥 잊어버리기 쉽다. 상담 현장에서도 상담을 해서 건강해진 사람이 배우자와 이혼하는 경우를 종종 보게 된다. 다른 대안을 취할 능력이 있는데 붙잡을 필요가 없다. 그런데 대부분 그렇지 못하니 매달리는 경우가 더 많다. 자존감이 낮고 대처 능력이 부족한데 이를 드러내고 싶지 않을 때 의심이라는 현상이 발생한다. 자신이 남보다 확실하게 우위에 있을 때는 '의심'하기보다는 문제를 '확인'하고 그에 맞게 '대응'을 한다.

피해의식이 높은 사람이 순박한 면이 있다. "나는 청결한데 너는 다른 여자를 만나냐!"라고 말하는 사람이 생각하는 '청결'이란 어떤 의미일까? '절대 외간 여자와 웃으면서 대화를 하면 안 된다' 정도의 의미일 가능성이 높고, 이는 경직된 도덕적 규칙을 적용한다는 의미이다. 사회생활을 하다 보면 다양한 이성 간의 관계가 형성될 수 있는데, 무조건적인 기준을 제시하여 비난하는 것을 보면 사고 수준이 단순하고 미숙하다는 것을 의미한다. 좋게 말해서, 순진하게 세상을 보는 것이다. 어른에게 순진하다는 말은 칭찬이 아니다. 미숙하다는 뜻의 다른 표현일 뿐이다. 초등학생처럼 단순한 도덕 규칙에 집착하기 때문에 의심이 많아진다.

6번 척도가 높을 때 하는 의심은 상대가 나쁜 놈일까 봐 하기보다는 자신을 무시하고 공격할까 봐 하는 것이다. 그런 면에서 이 의심은 '공격적 걱정'이라는 표현이 적당할 것 같다. 내가 힘이 약한데 상대가 공격을 하면 위협이 된다. 자존감은 낮은데 자존심이 센 사람이다. 자존심까지 약하면 그냥 우울증에 빠지기 쉽다.

이들은 자존감이 낮은 게 드러날까 봐 평소에는 도덕적 규칙을 열심히 지키면서 자기를 숨긴다. 그러다가 자기를 비난할 것 같은(자신의 단점을 알 것 같은) 타인에 대해서 자기를 숨긴 채로(자신의 단점을 드러내지 않은 채) 공격을 한다. 이것이 투사이다. 내가 자존감이 떨어져서 남편이 날 싫어할까 봐 걱정하면서 그걸 인정하지 못하고 남편이 날 싫어한다고 생각하는 것이다. 그냥 걱정된다고 하면 되는데 그걸 말하지 못하고 투사로 전환한다. 남편이 날 싫어한다고 생각하니 자꾸 협조를 안 하고 그러니 남편이 짜증 내고, 그러면 '거 봐 날 싫어하잖아. 맞네! 다른 여자가 생긴 거야!'라고 자신의 생각을 확정 짓게 된다. 정당성을 가지고 타인을 공격하게 되는 것이다. 자기가 먼저 찔러서 상대를 화나게 만들고, 그 화를 통해 자신의 의심(상대가 자신을 비난한다는 의심)의 진위를 확인한다. 그래서 6번 척도의 주요 방어기제는 투사이다.

이들은 적대적이다. 상대가 나에 대해서 적대적이라고 먼저 생각하니 나도 적대적이고 경계할 수밖에 없고, 상대의 행동에 민감하고 매사에 긴장 상태에 있게 된다. 논쟁을 좋아한다기보다는 결과적으로 논쟁을 많이 하게 된다. 상대를 자극해서 화나게 한다. 자기는 평소에 규칙을 잘 지켜서 항상 정당하다고 생각하니 문제가 생기면 남 탓을 하게 된다.

경계선 성격장애는 3번 척도와 6번 척도가 동시에 뜬다. 5번 척도를 제외한 거의 대부분의 척도가 다 높게 상승하지만, 3번 척도와 6번 척도의 상승이 핵심이다. 친사회적인 모습과 공격적인 모습이 빠르게 교차해서 처음 만난 사람과 금방 친해졌다가 조금만 서운하게 하면 화를 크게 내며 멀어진다. 이 두 척도의 공통점은 긍정이든(남이 나를 예쁘게 볼까?) 부정이든(남이 나를 밉게 볼까?) 판단의 기준점이 남에게 있다는 것이다. 그래서 3번 척도가 높은 사람도 자존감이 높은 사람은 아니다.

대개 공격은 특정 인물에게 집중된다. 다 적으로 만들면 전투가 힘들다. 우리 편까지는 아니어도 적이 많으면 전세가 불리하다. 남편을 공격하려면 다른 가족들을 내 편으로 만들어야 한다. 의부증, 의처증이 나오는 드라마를 보면 중소기업 사장님들이 많다. 꼭 사장까지는 아니어도 능력 있는 사람이 많다는 것인데 일리가 있는 말이다. 평소에도 의심이 많으니 일을 꼼꼼하게 한다. 완벽주의적 목표가 있는 강박보다는 의심이 많아서 결과적으로 완벽주의적인 모습을 보이는 사람이다. 그런데 의심에서 비롯된 완벽주의로 인해 다른 관계 문제가 생길 가능성도 높다. 윗사람의 비난을 피하기 위해 일을 하기 때문에 일은 철두철미하게 잘하는 반면, 동료 직원들과 지지적 관계를 맺기 어려워져서 휴식을 취하고 편하게 의지할 수 있는 환경을 만들지 못해 장기적으로는 스트레스에 취약해지고, 갈등 상황에서 자기 편을 만들기 어렵다.

이들의 도덕성의 문제는 편파적이라는 것이다. 남편이 바람 폈다고 욕하다가 본인이 바람을 피우면 상대방 때문이라고 말한다.

평소 대부분의 시간을 규칙을 잘 지키며 살기 때문에 자신은 규칙을 완벽하게 지키는 사람이라는 경직된 자아상을 가지고 있다. 따라서 문제 상황이 발생하면 자신의 행동을 합리화하면서 진심으로 남 탓을 하게 된다.

◆ 낮은 6번 척도

의심이 많아 보이는데 6번 척도가 30T로 최저점인 경우도 있고, 겉으로는 의심하는 게 보이지 않고 오히려 쿨해 보이는데 6번 척도가 30T인 경우도 있다. 30T일 때는 50T를 기준으로 위로 올려서 70T로 보면 된다. 70T와 똑같은 정도의 의심이 있거나 의심이 더 많은 사람일 가능성이 높다. 다른 척도의 문항들도 마찬가지지만, 6번 척도에 해당하는 문항들은 연속적으로 배치되어 있지 않고 검사 전반에 걸쳐서 군데군데 배치되어 있다. 그런데 그 문항들을 모조리 찾아서 '아니다'라고 대답한 것이다. 듬성듬성 배치된 의심과 관련된 문항을 모두 찾아내서 철저하게 방어를 한 것이다. "난 절대 의심이 없어요."라고 본인의 편집적 사고에 대해서 강하게 부인하는 사람이다. "우리 집은 거짓말이 없어요."라고 말하는 가정에 거짓말이 가장 많다. 차라리 의심이 있다고 인정하는 사람은 상담자가 말하면 받아들일 수 있는데, 본인이 거부할 때는 상담자가 말해도 인정하지 않을 수 있다. 상담자의 가설로서만 고려하고 상담하길 권한다.

사례 해석 남자/27세/충동적 행동

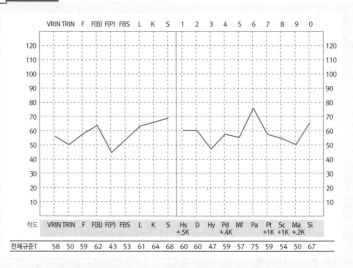

척도	VRIN	TRIN	F	F(B)	F(P)	FBS	L	K	S	Hs +.5K	D	Hy	Pd +.4K	Mf	Pa	Pt +1K	Sc +1K	Ma +.2K	Si
전체규준T	58	50	59	62	43	53	61	64	68	60	60	47	59	57	75	59	54	50	67

　　27세 남성으로 충동적 행동을 주호소 문제로 왔는데, 6번 척도만 70T 이상 상승하고 있다. 의심이 많고 적대적으로 행동할 가능성이 높다. 평소 자기 행동 관리를 잘하겠지만, 자기가 부당한 행동을 했을 때는 핑계를 대기 쉽다. 그런데 3번 척도가 낮아서 사교 기술이 매우 부족한 사람이다. 비난을 듣기 싫으니 원리 원칙에 따라서 일은 잘하는데 친구가 없을 가능성이 높다. 친구가 없는 것에 대해서 본인은 별로 문제의식도 없을 것이다. L 척도가 높아서 도덕성에 더 민감해 보이는 바, 남들이 관습적 규칙을 지키지 않을 때 맹비난하면서 자존감을 유지할 수 있다. 독수리처럼 하늘을 날며 기다리다가 확실하게 도덕적 잘못을 한 사람을 맹폭한다. 친한 사람이 있다면, 그들을 공격하진 않는다. 그 대신 친한 사람을 앞에 놓고 다른 사람을 맹비난한다. 그래서 옆에 있으면 적이 아니어서 다행이구나 싶은 사람이다. 6번 척도가 높은 사람을 윗사람으로 두면 힘들고, 아랫사람으로 두면 편하다. 그래서 상사가 6번 척도가 높은 부하직원의 문제행동을 인식하면서도 그냥 두게 된다.

7. 7번 척도: Pt(psychasthenia)

- 기본차원 및 핵심적 의미: 조직화, 강박, 불안, 완벽주의
- 관련 장애: 강박성 성격장애, 불안 및 관련 장애, 강박 및 관련 장애

　7번 척도의 기본차원은 '조직화'이다. 그러니 척도를 해석하려면 조직화의 의미를 알아야 한다. 조직화를 제일 잘하는 직업은 CEO이다. 예를 들어, 옷을 만드는 제일모직의 연구원이 반도체를 만드는 삼성전자의 연구원이 되긴 힘들지만, 제일모직의 CEO는 삼성전자의 CEO가 될 수 있고 그 반대도 가능하다. 무슨 차이인지 알겠는가? 옷을 만들던 사람이 전자제품을 만들기는 힘들지만 CEO의 세계는 그렇지 않다. CEO는 그 자체가 그냥 직업군이다. CEO가 하는 일은 반도체나 의류를 만드는 기술에 대한 구체적인 것이 아니다.

　영업팀에서 물건이 잘 팔리지 않는다고 하고, 알아보니 생산팀에서는 원재료가 공급이 잘 안 된다고 하고, 자재팀에 알아보니 돈이 없다고 하고, 총무팀에 알아보니 최근 국제 정세 때문에 자금 수급이 원활하지 못해서 그렇다고 말한다. 전체 상황을 파악한 CEO가 은행장과 담판을 지어 돈을 마련해 온다. 이렇게 전체 과정을 살펴보고 핵심적인 문제를 해결하기 위한 큰 결정을 내리는 것이 CEO가 하는 일이다.

　CEO는 물건을 자기가 만들지 않는다. 공장을 차리고 직원을 뽑아서 분야별로 사람들을 나눈다. 이때 분야별로 사람들을 나누는

일을 하는 것이 CEO이다. 그냥 모인 사람들은 무의미한 집단이다. CEO의 일은 전체적인 맥락에서 분류하고, 연결하고, 끊고, 옮기는 것이다. 미래를 예상하고 계획해서 이러한 판단을 한다. 관련된 모든 자료를 모아서 관리하는 것이 조직화이다. 보통 회사에서 신입사원이 부장이 되기까지는 자기 일만 잘하면 된다. 그런데 이사급으로 승진을 하려면 전체적인 맥락에서 조직화를 할 수 있어야 한다. 자기 일만 잘했던 부장들은 억울할 수 있지만 어쩔 수가 없다. 임원급에게 필요한 능력은 옷을 만드는 능력이 아니고, 옷을 만드는 사람을 관리하는 능력이다.

그런데 조직화를 너무 많이 한다면 어떻게 될까? 파트를 나눠서 일을 시키면 되는데, A가 영업을 하는데 성격이 안 좋으니 B가 돕고, B의 빈자리는 C가 하고, C가 못하는 건 D가 하도록 CEO가 하나하나 다 관리를 한다면, 직원들이 일에 집중할 수 있을까? CEO가 조직화 능력을 너무 발휘하면 직원들은 경직되고 수동적이 된다. 결과적으로 조직은 비효율적인 운영이 될 수밖에 없다.

왜 조직화를 많이 할까? 완벽주의가 강하고, 너무 잘하려고 해서 그렇다. 실수 없이 성공적으로 일을 마쳐야 하는데, 자신이 가장 능력이 좋다고 생각하니 혼자 다 하려고 한다. 회사가 작을 때는 사장이 다 할 수 있다. 그런데 회사가 커지면 혼자 하긴 힘들다. 사업체를 혼자 할 때 다르고 직원 1명일 때 다르고 3명일 때 다르고, 10명이 넘어가면 또 다르다고 한다. 조직이 클수록 적당히 조직화를 해서 남에게 일을 넘길 수 있어야 장기적으로 조직이 효율적으로 운영될 수 있다. 1명의 사람도 여러 신체기관이 협력하여 관리해야 하는 커다란 조직이다. 뇌가 CEO이고, 우리 몸은 사업체이며, 각 구성 요소들이 직원들이다.

이들은 예측하지 못한 일에 대한 공포가 크다. 완벽주의적이기 때문이다. 다른 사람들이 일을 제안하기 어렵다. 겉으로는 철옹성 같이 보일 수 있지만, 예측대로 안 되는 것이 무서워서 항상 긴장되어 있는 사람이다. 내면은 소심한 사람이라는 말이다. 일제 시대에 일본에서 모든 격투기 도장을 돌아다니면서 일본 사람들을 대상으로 소위 도장 깨기를 하고 다닌 최배달이라는 사람이 있었다. 신문기자가 어떻게 그렇게 잘 싸우는지 물어보니 "나는 싸울 때마다 죽을 것 같은 공포를 느낀다."라고 말했다고 한다. 극한의 공포를 극단의 공격성으로 승화시킨 것이다. 쉽게 말하면 너무 무서워서 막 때린 것이다. 벌레가 무섭다고 소리치면서 벌레보다 수천 배는 큰 두꺼운 책으로 내리치는 거랑 똑같다. 100프로 통제가 안 되면 100프로 무서워하는 사람이다. 거꾸로 말하면 예상치 못한 일에 대한 공포가 클수록 완벽주의 성향이 높다고 볼 수 있다.

7번 척도를 특징짓는 장애는 일반화된 불안장애이다. 이들은 모든 일에 항상 조금씩 불안하다. 완벽주의 때문이다. 모든 걸 100점 받고 싶어 하는데 인생이 그럴 수가 없다. 100점에서 모자란 점수만큼 불안감이 커진다. 그런데 자세히 보면 100점을 받고 싶어 한다기보다는 100점을 받아야 한다고 생각하는 사람이다. 자기의 순수한 욕구이기보다는 주변 환경에 의해서 만들어진 의무감 같은 느낌이다. 100점을 받아야 하는데 80점을 받으면 20점만큼만 불안해하면 된다. 그런데 이들은 100점이 안 되면 90점이든 20점이든 100점만큼 불안해한다. 항상 1등이어야 한다고 생각하기 때문이다.

7번 척도는 성격 척도이다. 그 뿌리는 대부분 부모에게 있다. 유전적으로 성향을 물려준 것도 부모이고 그러한 환경을 만든 것도 부모이다. 보통 부모 중 1명은 강박적이고 도덕성을 강요하고 본인도 억압적인 사람인 경우가 많다. 난 대학 때 깔끔하다는 말을 많이 들었다. 내 의지와 상관없이 내 면바지는 항상 다리미로 깔끔하게 다려져 있었다. 대학생이 매일 다려진 면바지를 입고 다녔다. 신혼 초에 부모님이 신혼집에 와서 청소를 싹 했다. 아내 팬티까지 다림질을 해서 정갈하게 개어 놨다. 어머니는 한 달에 한 번 락스로 화장실 청소를 해서 화장실에서 빛이 난다. 이런 정도의 환경에서 성장하면 무엇이든 깔끔하게 잘해야 한다는 압박을 은연중에 받고 그에 따라 행동하게 된다. 부모가 직접 말하지 않아도 부모의 행동이 부모의 의도를 자녀에게 전달한다. 락스로 청소한 화장실에서 오줌을 튀게 하면 왠지 모를 죄책감에 쌓인다. 호텔에 가서 반들반들한 바닥에 쓰레기 버릴 생각이 안 드는 것도 비슷한 이유이다. 문제는 이것이 화장실이나 호텔에만 그치지 않고, 일상생활 전반에 영향을 준다는 것이다.

◆ 낮은 7번 척도

7번 척도가 30점까지 내려가는 경우는 거의 없다. 낮으면 성격적 안정이라고 보기보다는 조직화나 완벽주의적 성향이 적다고 보면 된다. 외부 기준이나 성취에 얽매이지 않는 자유분방한 성격일 가능성은 있으나, 이 척도를 가지고 그렇게 반대쪽의 성향을 과잉해석하지는 말자. 사람을 싫어하지 않는다고 해서 대인관계 기술이 매우 좋다고 볼 수는 없는 것이다.

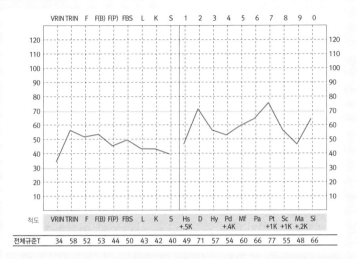

사례 해석　여자/44세/강박증상

척도	VRIN	TRIN	F	F(B)	F(P)	FBS	L	K	S	Hs +.5K	D	Hy	Pd +.4K	Mf	Pa	Pt +1K	Sc +1K	Ma +.2K	Si
전체규준T	34	58	52	53	44	50	43	42	40	49	71	57	54	60	66	77	55	48	66

　　44세 여성이 강박증상이 있어서 방문했고, 2번, 7번, 0번 척도가 상승했다. 척도가 여러 개 상승하면 상대적 상승을 봐야 한다. 2번, 7번, 0번 중 2번 척도가 높으면 우울의 가능성이 높고, 7번 척도가 가장 높으면 불안하고 강박적인 행동이 있을 가능성이 높다. 그런데 F 척도가 낮은 걸 보면 불편감을 호소하지 않는 것이어서 증상이 오래되었을 가능성이 있다. 그래서 내향적이고 강박적인 성향이 오래되었을 가능성이 높아 보이고, 내향적이고 강박적인 성향으로 해결되지 않는 일들이 쌓이면서 우울감이 증가하고 있을 수 있겠다.

▶ 8. 8번 척도: Sc(schizophrenia)

• 기본차원 및 핵심적 의미: 상상력, 특이한 사고 경향, 고통감 호소

• 관련 장애: 조현병, 조현형 성격장애, 우울증, 적응장애

8번 척도의 기본차원은 '상상력'이다. 상상력이 높은 사람은 보통 사람들이 생각하지 못하는 특이한 생각을 한다. 8번 척도가 60T 근처이면 보통 수준에서 생각하는 게 특이한 사람이다. 보통 8번 척도가 높은 사람을 우리는 존경하기보다는('어떻게 그렇게 상상력이 풍부하지!') 무시한다('뭐 저따위 생각을 하냐!'). 문제는 이들의 특이한 생각에 대해서 남들이 이해하지 못할 때, 남들이 이해하지 못한다는 걸 이들도 이해하지 못한다는 것이다. 그래서 자신의 생각을 당연하게 말하고, 다른 사람들이 이해하지 못할 때 그것을 이해하지 못한다. 그러나 사람들이 자기를 좋아해서 그런 게 아니라는 걸 알게 되고, 점점 사람들을 멀리하게 된다.

특이한 사고를 하는 사람들은 사고 체계가 보통 사람들과 완전히 다르다. 왜곡된 사고, 즉 사고의 오류가 있을 가능성이 높다. 특이하다는 것 자체가 보통 사람들이 생각하지 않는 방향으로 생각하는 것이다. 어떤 때는 창의적이고 생산적일 수 있지만, 보통은 특이함이 높을수록 생산적일 가능성은 떨어진다. 환경 자체가 특이함을 받아들일 준비가 안 되어 있기 때문이다. 그래서 특이한 사람 중에 정말 소수만 생산적으로 갈 수가 있고, 대부분은 그냥 거기서 끝나거나 부적응적이기 쉽다.

점수가 65T 이상 높다면 망상, 환각 등이 있을 수 있다. 그런데 이 부분에서 더 감별을 하려면 점수로만 하는 건 한계가 있다. 조현병과 정신증적 증상들에 대해서 공부를 많이 하고 8번 척도의 내용을 봐야 한다. 그래도 간단하게 구분을 해 보자면, 8번 척

도가 높은 사람들은 5개 정도의 유형으로 분류할 수 있다. 첫 번째는 조현병 및 정신증이다. 조현병의 망상이나 환각은 뇌의 이상이 생겨서 나타난다. 그래서 다른 일상생활 기능도 다 떨어지게 된다는 것이 가성 증상이 있는 사람과 구분되는 중요한 특징이다. 두 번째는 불특정 해리장애이다. 조현병이거나 정신증에 해당되지 않는데(뇌기능이 떨어지지 않는데) 망상이나 환각을 보고하는 사람은 가성 증상일 가능성이 높다. 그리고 귀신을 경험한 적이 있다고 하는 건 망상이기보다는 특이한 지각 및 사고 경험이기 쉽다. 이런 경우 귀신이 보인다는 심각한 말을 하면서 표정은 무심하다. 부담이 되지 않은 일을 할 때는 전혀 문제가 없다가 부담되는 일의 전후에는 갑자기 증상이 나타난다. 정신증이 있으면 대개 일상생활 기능도 떨어진다. 세 번째는 부정왜곡이다. 이는 극단적으로 고통감을 호소할 때를 말한다. F 척도의 상승과 마찬가지로 고통감이 상승하면 문항에 표기를 할 때 부정적인 방향으로 하기가 쉽다. 네 번째는 우울이다. 8번 척도에는 외로움과 고립감에 관련된 내용들이 포함되어 있다. 그래서 외로움이 주요 증상인 우울일 때 8번 척도가 단독 상승을 하기도 한다. 병원에서는 첫 번째 유형을 많이 보겠지만, 상담 장면에서는 두 번째, 세 번째, 네 번째 사례, 즉 신경증 사례인 경우가 많으니 주의가 필요하다. 다섯 번째는 조현형 성격장애이다. 이들은 사고가 특이해서 보통 사람들과 소통에 어려움을 겪는 경우가 많다. 다만 현실적인 판단 능력은 대개 손상되지 않는다.

양가성(ambivalence)이 높고, 이는 조현병의 주된 증상이지만, 병원에서 훈련을 받지 않으면 찾아내기 힘든 증상이다. 교회를

가겠냐고 물어보면 교회를 간다고 했다가 안 간다고 했다가 결정
을 내리지 못한다. 양가적인 상태에서 결정을 못하고 우왕좌왕하
는 것이다. 뇌기능이 떨어져서 의사결정을 못하기 때문에 생기는
현상이다. 여기서 특이한 사고 및 지각이 커지고, 주변 사람들과
의 차이를 인식하면서 점점 고립된다.

약간 상승하는 정도는 특이한 지각 및 사고 경험을 뜻하며, 이
는 상상력, 창의력 등과 연결 지어 생산적인 기능을 할 수도 있다.
그러나 임상 장면에 오는 사람들에게 특이함은 대부분 부적응과
연결된다. 특이함을 생산성으로 연결할 능력이 부족한 것이다.
특이하다는 것은 자기 것을 고수한다는 말이니 다른 사람의 마음
을 공감하기 힘들다. 그러니 사회적 관계가 힘들고 사람들을 회
피하게 된다.

대표적인 방어기제가 환상으로의 도피이다. 대개 남자 청소년
은 무협소설에 빠지고, 여자 청소년은 뉴에이지 음악, 머드게임
등에 빠진다. 보통 또래 아이들이 접할 수 없는 독특한 영역에 빠
져서 많은 시간을 보낸다. 그곳에서는 자존감을 유지하기 쉽다.
특이한 영역에 빠지면 자신이 하는 일을 사람들이 평가하기 어렵
기 때문에 자존심이 상할 일도 크게 없기 때문이다.

80T 이상이면 조현병이라고 보기 어렵다. 진짜 조현병은 그 증
상만 말할 텐데 과장하는 사람들은 어떤 증상이 진짜인지 모르니
모든 정신증 증상이 다 있다고 표기하게 되고 점수가 과도하게 상
승한다. 급격한 스트레스로 인해서 갑자기 혼란감이 상승하는 경
우, PTSD, 적응장애 등이 그렇다. 극도의 스트레스 상황에서는
모든 감각이 부정적인 곳에 집중한다. 그래서 '귀에서 이상한 소

리가 들린다'와 같은 문항에 뭔가 들리는 것 같은 느낌이 있으니 그냥 '다 있어! 다 있어!'라고 부정왜곡을 하게 된다. 그래서 부정왜곡은 거짓말이라기보다는 고통의 강도를 나타내는 것이다. 고통의 내용이 다른 주제와 관련이 있을 뿐이다. 그래서 조현병 같지 않은데 6번, 7번, 8번 척도가 다 뜰 때가 있다. 고통감을 극단적으로 호소하는 방식으로 도움을 구하는 것이다. '나 이런 거 다 체크할 정도로 힘들다'라고 하면서 절실히 도움을 구하는 것이다. 너무 무서워하지 말자.

◆ 낮은 8번 척도

40T 이하로 낮으면 재미없음이 가장 크다. 상상력은 다른 말로 유연성이다. 8번 척도가 너무 낮으면 유연성이 부족한 것이다. 그래서 재미없는 사람이 된다.

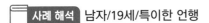 **사례 해석** 남자/19세/특이한 언행

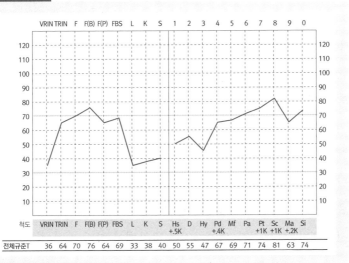

조현형 성격장애인 19세 남자 사례이다. 상담 장면에서는 8번 척도가 상
승할 때 조현병보다는 조현형 성격장애이거나 이러한 성향이 있을 가능성
이 높다. 8번 척도가 가장 높고, F 척도도 높은 걸 보면 특이함으로 인해 고
통스러울 가능성이 높다. 그런데 5번 척도도 높다. 행동 양상을 잘 보면, 남
성에게 여성스러운 성향이 특이한 형태로 나타날 수 있다. 구체적으로 5번
척도는 감수성, 예술성, 대인관계 지향성 등과 연결이 된다. 따라서 예술
적·관계 지향적 성향을 가지고 있으나, 특이한 언행으로 인해 원하는 만큼
의 관계를 맺지 못한 채 고통감이 커지고 있을 가능성이 있다.

▶ **9.** 9번 척도: Ma(hypomania)

- 기본차원 및 핵심적 의미: 에너지, 정서적 불안정성
- 관련 장애: 우울증, 조울증

기본차원은 '에너지'이다. 열정, 열의 등의 단어로 표현할 수도
있겠다. 심리학은 인간의 행동을 다루는 학문이고, 여기서 말하
는 인간의 행동은 정서, 행동, 사고를 뜻한다. 에너지가 높으면 보
통 기분이 좋고 활동적인 것만 생각하기 쉬운데, 사고까지 포함해
서 세 가지를 모두 생각할 수 있어야 한다. 9번 척도가 높아도 겉
에서 보이는 행동에서 높은 에너지가 드러나지 않을 수도 있다는
말이다. 에너지가 많을 때 몸을 많이 움직일 수도 있고 감정을 분
출할 수도 있겠지만, 생각만 많을 수도 있다. 그래서 세 가지 중에
서 어디에 에너지가 쓰이는지를 파악해야 한다. 9번 척도가 높은

데 옆에서 행동만 보기에는 얌전한 사람으로 보일 수도 있는 것
이다.

9번 척도의 에너지는 크게 두 가지 해석 방법이 있다. 첫 번째
는 연료로서의 에너지이다. MMPI의 다른 임상척도들은 난로이
고, 9번 척도는 석탄이다. 1번 척도와 같이 상승하면 신체증상을
적극적이고 과도하게 호소한다. 2번 척도와 같이 상승하면 우울
감과 고통감을 격하게 호소한다. 3번 척도와 같이 상승하면 과하
게 친사회적 행동을 할 것이다. 4번 척도와 같이 상승하면 반항적
행동을 거침없이 할 것이다. 남성에게 5번 척도가 같이 상승하면
여성성을 거리낌 없이 드러낼 것이다. 6번 척도와 같이 상승하면
의심을 숨기기 어려울 것이고, 7번 척도가 상승하면 강박행동을
감추기 어려울 것이며, 8번 척도와 같이 상승하면 특이함을 숨기
기 어려울 것이다. 0번 척도와 같이 상승하면? 혼자서 여행을 다
니거나 혼자서 다양한 액티비티를 즐기는 사람일 수 있다. 대표
적인 예를 든 것이니 이에 비추어 비슷하게 해석을 하면 된다.

9번 척도의 에너지가 나타나는 두 번째 방식은 양극성장애이
다. 무엇이든 에너지가 많으면 불안정성이 커진다. 길에 어떤 돌
이 있을 때, 걸어가다가 그 돌을 정확하게 밟기는 어렵지 않다.
그런데 뛰어가면서 정확하게 밟기는 상당히 어렵다. 말을 할 때
도 천천히 말하면 실수를 안 하지만 흥분해서 많은 말을 하다 보
면 상대를 자극하는 실수를 하게 된다. 공감의 정확도가 떨어지
는 것이다. 이렇듯 에너지 양이 많아지면 조절하기 어렵다. 양극
성장애는 기분이 좋은 장애가 아니고, 에너지가 너무 많은 장애
이다. 에너지가 많다는 것은 우울증에도 적용되어서 단극성 우울

증은 마른 눈물을 흘리지만, 양극성장애의 우울증 시기에는 폭포 같은 눈물을 흘린다. 그래서 눈물을 적극적으로 흘리는 사람들의 현재 감정은 우울이지만 진단적으로는 조증 또는 경조증이 나타날 가능성이 높다. 우울과 조증은 기분의 좋고 나쁨으로 판단하기보다는 에너지의 양으로 판단하는 것이 더 좋다. 우울의 핵심은 에너지 저하이고, 조증의 핵심은 에너지 증가이다. 조증인데 기분이 좋으면 격하게 좋음을 표현하고, 기분이 나쁘면 격하게 나쁨을 표현할 것이다. 9번 척도가 높으면 에너지가 많으니 무조건 기분이 좋을 거라고 생각하는데, 그보다는 우울과 조증을 계속해서 왔다 갔다 할 가능성이 높다고 봐야 한다. 그리고 양극성장애일 때 정서, 행동, 사고 모든 수준에서 에너지에 따른 차이를 알아낼 수 있어야 한다. 에너지가 적당하면 가볍게 고민할 것을 에너지가 많으면 고민도 힘차게 한다. 좌우로 걸어 다니면서 몸짓을 써 가면서 소리도 질러 가면서 하게 된다. 이것이 옆에서 볼 때는 안절부절못하고 산만하게 보이는 것이다.

생각보다 9번 척도가 높은 경우는 많지 않다. 그리고 경험상 9번 척도가 65T 이상이면 양극성장애 계열(1형 및 2형 양극성장애, 순환성장애)일 가능성이 꽤 높다. 에너지가 높기 때문에 정서, 행동, 사고가 불안정하다. 사고의 비약이 나타나고 자기에 대한 생각이 비현실적으로 상승한다. 욕구 좌절에 취약한데, 이는 근거 없이 기대감이 올라간 것이기 때문이다. 양극성장애는 단극성 우울증보다 약을 같이 먹는 게 중요하다. 약한 정도는 상담으로 조절이 될 수도 있지만 스트레스를 받으면 감정의 기복이 심해지면서 무엇보다 자살시도의 가능성이 높아지기 때문이다.

그리고 이들은 감정 표현이 신경질적이다. 우울해서 문제해결이 안 되는데 갑자기 에너지가 생기니 불만을 폭발하듯이 표현하기 쉽다. 그리고 대인관계가 피상적일 수밖에 없다. 대인관계 상호작용을 하기보다는 자기 기분에 따라 사람들과 접촉을 하니 관계가 깊어지기 힘들다. 행동화(acting out)는 감정반응을 할 때 심리적 및 신체적 에너지를 갑작스럽게 폭발하듯이 표현하는 것을 말한다. 에너지가 많고 조절이 되지 않는다는 말이다.

65T 이상일 때 가장 주의를 기울여야 하는 집단은 2형 양극성장애의 우울 삽화 시기이다. 우울증을 주호소 문제로 방문하여 상담을 진행했는데, 9번 척도의 상승이 나타나는 사람은 양극성장애 계열의 가능성을 염두에 두고, 증상이 좋아졌을 때 긴장의 끈을 놓지 말아야 한다. 상담의 결과이기보다는 생리적 기분 변화에 따른 우연적 상태일 가능성이 있다. 그래서 내담자에게 심각한 우울 삽화가 올 가능성과 그 대처에 대해서도 알려야 한다.

◆ 낮은 9번 척도

낮은 9번 척도가 낮은 2번 척도보다 우울증 가능성이 더 높고 우울증도 심각할 수 있다. 우울증의 기본은 에너지 저하이다. 9번 척도가 30T이면 자살시도가 있을 가능성이 높다. 심각한 수준의 우울이라는 말이다. 9번 척도가 낮은 사람은 끌어올리기가 힘들고 약물치료를 같이 하기를 권한다.

사례 해석 **여자/23세/비현실적인 과대사고**

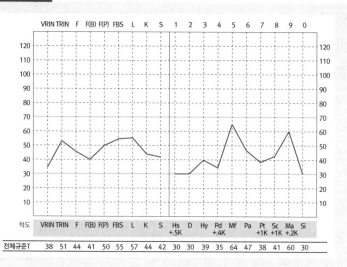

척도	VRIN	TRIN	F	F(B)	F(P)	FBS	L	K	S	Hs +.5K	D	Hy	Pd +.4K	Mf	Pa	Pt +1K	Sc +1K	Ma +.2K	Si
전체규준T	38	51	44	41	50	55	57	44	42	30	30	39	35	64	47	38	41	60	30

　　23세 여성의 1형 양극성장애 사례이다. 9번과 5번 척도가 높게 나타났다. 9번 척도의 상승으로 양극성장애 가능성을 생각할 수 있다. 1형 양극성장애는 정신증이 동반되는 경우가 많은데, 여성은 정신증이 있을 때 5번 척도가 상승하는 경우가 있다.

▶ **10.** 0번 척도: Si(social introversion)

- 기본차원 및 핵심적 의미: 자율성, 대인관계 효능감, 병리적 내향성−외향성
- 관련 장애: 사회불안장애

　　기본차원이 '자율성'이다. 그런데 자율성이라는 단어의 긍정적인 어감을 생각하면 해석에서 활용하기에 적당하지 않다. 지나치

게 중립적이고 조심스럽게 이름을 붙인 경향이 있다. 자율성보다
는 내향성－외향성이 더 적절하고, 그 특성들도 병리적인 것에 맞
춰져 있다. 나는 MMPI에서 긍정적인 면을 보는 것은 권하고 싶
지 않다. 어쩌다가 그런 것이 보일 수는 있겠으나 MMPI는 부정적
인 것을 찾아내고자 만든 척도이다. 그리고 검사를 하게 되는 사
람들도 다 문제가 있어서 찾아온 사람들이다. 그렇기 때문에 척
도의 유의미한 상승 또는 하락이 있을 때 그 특성은 수검자의 문
제와 연결되어 있을 가능성이 높다. 외향적인 사람들은 관계를
통해서 문제를 해결하지만, 0번 척도가 낮을 때 주로 하는 해석은
관계 지향적이라기보다는 피상적이라는 것이다. 내향적인 사람
들은 신중함이 장점이지만 0번 척도가 높을 때 주로 하는 해석은
고립되고 자신감이 부족하다는 것이다.

　MBTI식으로 보면 외향성과 내향성은 각각의 장단점이 있다.
외향성이 높은 사람은 혼자서 고민해야 하는 것에 대한 문제해결
능력은 떨어지는 반면에, 관계를 통해 정보를 많이 습득해서 문제
를 해결하는 것을 잘한다. 내향성은 반대이다. 혼자서 깊이 생각
하는 것은 잘하지만, 도움이 필요한 영역에서는 해결 능력이 떨어
진다. 외향적인 장모님은 어깨 수술을 하는 권고를 무시하고 모
임에 가서 더 싸게 수술하는 병원을 알아온 반면, 내향적인 사위
인 나는 원주로 이사 온 지 10년이 지났는데, 아직도 원주 맛집 하
나 제대로 모른다.

　MMPI에서도 0번 척도가 높으면 내향적이고 낮으면 외향적이
지만, 병리적인 부분에 초점을 맞춰서 보는 게 좋다. 그래서 점
수가 높으면 내향성의 문제에 초점을 두고, 점수가 낮으면 외향

성의 문제에 초점을 두어야 한다. MBTI는 각각의 장점을 그것으로 말할 수 있지만 MMPI에서는 장점을 말하기는 조심스럽다. 즉, 0번 척도가 높은 사람에게 '당신은 자율성이 높고 신중합니다'라기보다는 '당신은 대인관계 불편감이 높은 사람입니다'라고 하는 게 맞고, 0번 척도가 낮은 사람에게는 '당신은 대인관계에서 활발하고 적극적입니다'라기보다는 '당신은 대인관계가 피상적인 사람입니다'라고 설명하는 게 더 적절한 경우가 많다.

　내향적인 사람의 문제는 무엇일까? 사람 '人'은 사람 둘이 기대고 있는 형상이다. 사람은 독자생존 능력이 떨어지기 때문에 관계를 맺는 능력이 매우 중요하다. 사람들은 좋아하고 잘하는 행동을 많이 하는 반면, 싫어하고 잘하지 못하는 행동을 적게 한다. 단순하게 생각해서 무언가를 싫어하는 이유는 그것을 잘 못하기 때문이고, 무언가를 좋아하는 이유는 그것을 잘하기 때문이다. 대인관계를 안 맺는다는 것은 대인관계 상황에서 스트레스를 많이 받는다는 말이고, 이는 대인관계 대처 능력이 떨어진다는 말이다. 이런 사람들이 MMPI에서 0번 척도가 상승하게 된다. 결국 대인관계를 잘 맺지 못하는 이유는 사회적 상황에서 효능감이 낮기 때문이다. 그리고 효능감이 낮은 이유는 사회기술이 부족하기 때문이다. 그러니 대인관계를 맺기 싫고 관계의 빈도가 떨어진다. 자기의 전체를 포함한 긍정적 사고를 자존감이라고 한다면, 자기를 구성하는 각 영역에 대한 긍정적 사고에는 자기효능감이라는 말을 쓴다. 0번 척도가 상승하면 대인관계 영역에서의 자기효능감이 부족한 사람이다. 대인관계 만족감이 떨어질 수밖에 없고, 겉으로는 혼자 있는 걸 좋아하고 대인관계가 필요 없다고 말할 수 있지만, 그 결과 도움을 받지 못하고 고립되어 문제가 지속되는 악순환이 되풀이된다. 따라서 열등감이나 자기비하가 동반될 가능성이 높다. 이 척도가 재검사 신뢰도가 높은 검사라는 것은 이러한 내향적 사고가 기본적인 성향이라는 것을 말한다.

0번 척도가 높을 때 장점으로 자기성찰을 언급하지만, 임상집단에서 자기성찰이 장점일 가능성은 별로 없고 오히려 단점이 부각되는 경우가 많다. 자존심을 부리는 사람이다. 내향적인 사람들은 외부 사람과 만나기 힘들다. 혼자 있는 시간이 필요하다. 그 시간이 편하다. 그래서 혼자 있는 시간을 보장해야 하지만 그로 인한 단점을 보완할 필요가 있다. 그래서 심한 사람들은 현실 회피를 하게 된다. 그리고 무의식적인 자기비하는 의식적인 타인 비난으로 넘어가게 된다. 술자리에서 내 자린 조용한데 옆자리가 시끌벅적하면 대화를 주도하는 사람의 단점만 생각하게 된다. 결국은 자신감이 부족한 것이다.

그러나 권위적 대상에게는 순응적이다. 권위적 대상과 마주했을 때 오히려 스트레스가 줄어드는 사람이다. 자신보다 확실히 우위에 있는 사람과는 감히 비교 자체를 하지 않으려 하기 때문에 그렇다. 능력을 과시할 필요가 없기 때문에 오히려 안심하게 된다. 그래서 선배들과의 관계는 좋다. 아랫사람으로서 해야 할 것이 정해져 있어서 정해진 위계관계 내에서의 규칙대로만 하면 칭찬을 받아서 오히려 효능감이 높아진다. 그런데 동년배나 이성과의 관계에서의 행동 규칙은 정해져 있지 않고, 서로 대화를 통해 절충을 해야 하는 경우가 많다. 이 부분에서 대인관계 기술이 필요한데 그것이 부족하니 동년배나 이성과의 관계를 피하게 된다.

아랫사람도 힘들어한다. 통상 아랫사람보다는 일을 잘해야 하는데 그런 자신감이 부족하기 때문에 아랫사람과도 편하지가 못하다. 대인관계에서 약간 저자세로 예의 바른 모습을 보이는 경우가 많은데, 이는 상대의 부정적 평가를 미리 차단하기 위한 전략이다.

0번 척도의 상승과 관련이 있는 정신장애는 사회불안장애(사회공포증)이다. 사회불안은 쉽게 말해 발표 불안이고 소개팅 불안이다. 남자 대학생들이 많은데, 발표에서 부정적 평가를 들을까 봐 혹은 소개팅에서 여자에게 매력적인 모습을 보이지 못할까 봐 걱정하는 것이 주된 상담 사유인 경우가 많다. 여기서 하나 더 추가할 것은 부정적 평가에 대해서 그렇게 두려워하는 이유는 반대쪽의 욕구가 크기 때문이라는 것이다. 결국 남에게 잘 보이고 싶은 욕구가 너무 큰데 그것을 만족시키지 못할까 봐 두려워하는 것이다. 그래서 상담을 하다 보면 잘 보이고 싶은 욕구를 다루게 되는 경우가 많다.

◆ 낮은 0번 척도

0번 척도는 낮아도 문제이다. 30T에 가까우면 더 그렇다. 좋게 보면 일반적인 수준에서 외향적이라고 말하면 되지만, 부정적인 면에서는 피상적인 대인관계를 맺고 있을 가능성이 높다. 내향적인 사람은 1시간에 1명을 만나서 1시간만큼의 깊이 있는 대화를 할 수 있지만, 외향적인 사람은 1시간에 10명을 만난다고 치자. 그러니 1명당 평균 6분 정도만 가까워질 수 있으니 관계가 피상적일 수밖에 없다.

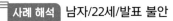
사례 해석 남자/22세/발표 불안

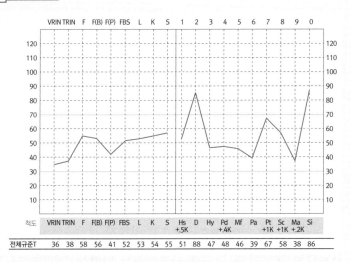

척도	VRIN	TRIN	F	F(B)	F(P)	FBS	L	K	S	Hs +.5K	D	Hy	Pd +.4K	Mf	Pa	Pt +1K	Sc +1K	Ma +.2K	Si
전체규준T	36	38	58	56	41	52	53	54	55	51	88	47	48	46	39	67	58	38	86

　　22세 남성이 발표 불안을 호소하고 있다. 2번과 7번 척도가 상승하면 일단 원인이 무엇이든 지금이 힘든 상황일 것이다. 2번 척도는 고통감이다. 우울하기보다는 무언가 고통스러운 상황일 가능성이 높다. 무엇 때문일까? 0번과 7번 척도의 상승을 고려하면, 내향적이고 강박적인 성향일 것이니 평소에 사소한 것에 걱정이 많고, 이 걱정을 주변 사람들과 나누어 해소하지 못하니 걱정이 점점 커지기만 할 가능성이 높다. 그리고 호소 문제를 보면 된다. 그런데 F 척도가 낮아서 이러한 경향이 오래 지속되었을 수 있고, 이러한 성격적 문제가 오래되면서 쌓인 문제들이 많아지면서 고통감이 커졌을 가능성이 있다.

◗ 11. 프로파일 해석

　　프로파일 해석은 타당도 척도, 임상척도, 다양한 소척도를 모두 고려하여 종합적인 해석을 하는 방법을 말한다. 보통은 프로파일

해석이라고 하면 '2-7 유형(우울장애, 불안장애)' '4-9 유형(반사회
성 성격, 품행장애)' 등의 방식으로 책에 정리가 되어 있고, 초보자
들은 그 해석을 있는 그대로 보고서에 옮겨 써 오는 경우가 많다.
1개 척도를 해석하는 데에도 많은 해석의 가능성이 존재하는데,
2개 또는 3개의 척도를 합친 해석을 하려면 더 많은 해석의 모든
가능성을 고려하는 것이 당연하다. 그런데 그 많은 특징들을 그
냥 나열하기만 하면 요즘 말로 TMI(too much information) 같은 현
상이 일어나서 치료에 있어서 요점을 찾기 힘들어진다. 절대 틀리
지 않기 위해서 많은 정보를 나열하기보다는 제대로 된 핵심 정보
하나를 찾아낼 수 있어야 효율적으로 치료적 개입을 할 수 있다.

　프로파일 해석이 왜 그렇게 나오는지를 이해하고 써야 하는데,
이를 위해서는 프로파일 해석을 무서워하지 말고, 오히려 적극적
이고 주도적인 태도를 가져야 한다. 1번, 3번, 8번 척도가 순서대
로 상승한 경우를 예로 들어 프로파일 해석을 해 보자. 가장 먼저
고려할 것은 기본차원이다. 1번 척도가 가장 높으니 신중하고, 정
서가 부족하여 스트레스 상황에서 신체증상이 나타날 가능성이
높다. 3번 척도도 높으니 애정 욕구가 높고 평소에는 사교적인 모
습을 보여 정서가 부족해 보이지 않겠지만, 항상 신중하게(1번 척
도) 긍정적인 모습만 보이려고 할 테니 자신의 욕구를 억압하는
경우가 많을 것이다. 그런데 8번 척도가 높아서 사고가 특이해 보
이는 바, 신체증상을 표현하거나 주변 사람들에게 관심을 표현할
때 공감을 얻기 어려운 특이하거나 부적절한 행동을 함으로써 관
심을 얻지 못하고, 오히려 사람들과 멀어지기 쉽다.

　이 사례를 상담한다면 감정과 욕구를 표현하게 해야 하는데, 특

이한 사고 경향이 걸림돌이 된다. 상담에서 특이한 표현을 수용해서 편하게 표현하게 할 때, 감정과 욕구를 표현할 수 있게 되고, 그래서 마음이 편해지면 특이한 표현에 대해 기술적으로 접근하면 된다.

각 임상척도 설명에서 언급한 일부 척도를 제외하면 기본적으로 '65T 이상'을 설명한 특징이 두드러지게 나타나는 기준으로 보면 된다. 대개 80T를 넘어가면 그 행동이 과장되게 나타날 가능성이 높다. 40~60T 범위라면 일반적인 수준에서 기본차원을 중심으로 해석하면 된다. 그리고 40T 이하라면 유의미하게 낮은 수준으로 보고 해석하면 된다.

문제는 상대적 상승인데, 상대적 상승을 몇 점 차이라고 규정하긴 어렵지만, 수검자의 핵심적인 심리적 특징을 말해 주는 척도는 상대적으로 가장 높은 1~2개 척도이다. 가장 높은 척도가 65T 이상이라면 그것은 그 척도와 관련된 주관적 고통이 크거나(1번 척도의 신체증상), 그로 인해 타인에게 고통을 주고 있을 가능성이 높고(4번 척도의 공격성), 이를 통해 수검자의 고통(어떠한 욕구가 충족되지 못했는지)을 이해할 수 있다(1번 척도의 욕구 억압, 4번 척도의 분노감). 그리고 상담 개입에서는 그 고통을 줄이는(욕구를 해소하는) 것이 매우 중요하다. 가장 높은 척도가 40~60T 범위라면, 기본차원을 중심으로 적당한 수준에서 그 특성이 두드러진다고 해석하면 된다(3번 척도의 친사회성). 그러나 스트레스 상황에서는 그 특성으로 인한 문제행동이 나타날 수 있다(3번 척도에서 과도한 친절로 인한 관계 방해).

지능검사를 보면, 가장 높은 소검사가 수검자의 학업적·직업적 무기가 될 가능성이 높다. 어휘 소검사가 가장 높으면 언어 능력이 높은 것이니 국어 과목의 성적이 높을 것이고, 언어 능력이 중요한 직업을 가지는 것이 좋을 것이다. MMPI도 마찬가지이다. 6번 척도가 가장 높은 척도라면 태어나서 검사를 받을 때까지의 성장 환경에서 의심하고 경계하는 것이 자신이 가장 잘 기능할 수 있는 방법이었을 가능성이 높다. 그리고 상담에 온 이유는 환경이 바뀌어 더 이상 그 방법이 통하지 않기 때문일 것이다. 상담을 통해 좀 더 건강한 방법을 배우고 익혀야 한다.

CHAPTER
04

다양한 소척도-성인

1. 임상 소척도(Harris-Lingoes 척도)
2. 재구성 임상척도
3. 성격병리 5요인 척도
4. 내용 척도 및 내용 소척도
5. 보충 척도

Chapter
04 다양한 소척도-성인

타당도 척도와 임상척도가 기본적인 구성이고, 이와는 별도로 MMPI 안에 있는 문항들을 다양한 방식으로 종합해서 추가적이고 세부적인 특성을 파악하여 정보를 더하기 위하여 다양한 소척도가 만들어졌다. 여기서 다루는 척도들의 유목은 다 다르지만 모두 합쳐서 나는 소척도라 부른다. 초판에서는 이미 만들어진 문항을 토대로 각자의 연구자들이 추가적으로 만든 것들을 임의적으로 모아서 사용했다면, 2판에서는 이들을 공식화시켜서 그 사용성이 더 좋아졌다.

우선 유의미한 수준의 임상척도의 상승이 없을 때, 소척도를 보면 해석할 내용들이 보여서 해석상담에서 민망하지 않게 말할 수 있게 해 준다. 소척도 해석을 위해서는 『MMPI-2 성격 및 정신병리 평가』(제4판, 이훈진 외 공역, 2010)를 참고하는 게 좋다. 흔히 소척도 제목만 보고 해석하는 경우를 많이 보게 되는데, 그 세부 내용들을 꼼꼼히 읽어 봐야 한다. 한번에 다 읽으면 좋지만 그럴 여력이 없으면 이번에 본 수검자가 알코올중독 척도가 상승했을 때 적어도 그때는 책에서 그 척도의 내용을 다 읽어 본 다음 해석을 하자. 2번 척도를 단순히 우울증 척도로 볼 수 없듯이 알코올중독

척도가 상승했다고 무조건 알코올중독자인 것은 아니다. 알코올 중독자가 가지는 심리적 특징을 가졌다는 말이고, 그 특징에 초점을 맞추는 게 중요하다. 이것이 소척도를 바라보는 기본적인 시각이어야 한다.

▶ 1. 임상 소척도(Harris-Lingoes 척도)

각 임상척도를 구성하는 요인이 여러 가지가 있는데, 임상 소척도는 이를 분석해 놓은 것이다. 그래서 각 임상척도 상승의 원인을 구체적으로 추정할 수 있다. 예를 들면, 2번 척도가 상승했을 때 2번 척도의 임상 소척도 중에서 가장 높게 상승한 소척도를 주원인으로 추정하는 것이다. 1번, 5번, 7번 3개 척도는 제외되었고, 2번, 3번, 4번, 6번, 8번, 9번, 0번 등 7개 척도의 임상 소척도만 나와 있다. 특정 임상 소척도의 점수가 높다면 그것을 임상척도 상승의 주요 원인으로 보고 상담에 활용하면 된다.

각 임상척도에 해당하는 임상 소척도를 정리해서 보여 줌으로써 각 임상척도의 구성 요소를 볼 수 있게 했고, 좀 더 구체적 의미 파악이 필요하거나 핵심 개념에 대한 재정립이 필요한 임상 소척도들은 추가적으로 설명해 놓았다.

1) 2번 척도(D)의 임상 소척도

◆ D1(주관적 우울감)

> **D1 소척도 점수가 높은 사람들의 특징**
>
> 1. 불행감, 울적함이나 우울감을 느낄 때가 많다.
> 2. 일상생활에서 일어나는 문제들을 처리할 힘이 모자란다.
> 3. 주변에서 어떤 일이 일어나는지 관심이 가지 않는다.
> 4. 신경이 예민하거나 긴장되어 있는 경우가 대부분이다.
> 5. 주의집중이 어렵다.
> 6. 식욕이 줄고 수면에 어려움이 있다.
> 7. 깊은 근심에 빠져 자주 울음이 나온다.
> 8. 자신감이 부족하다.
> 9. 열등하고 쓸모없다고 느낀다.
> 10. 비판에 쉽게 상처받는다.
> 11. 사회적인 상황에서 불편해하고 수줍어하며 당황한다.
> 12. 친한 친구 및 친척을 제외한 다른 사람들과의 교류를 피하는 경향이 있다.

출처: 이훈진 외 공역(2010). 『MMPI-2 성격 및 정신병리 평가』(제4판), p. 161.

◆ D2(정신운동 지체)

정신운동 지체는 우울증이 심할 때 나타나는 현상이다. 우울하면 동작이 느려지지만 의지를 가지면 빠르게 할 수 있다. 그러나 정신증이 나올 정도로 심각한 수준의 우울증에서는 마치 조현병 환자처럼 느릿한 몸 동작을 보이기도 한다. 그러나 그렇게 심각하지 않은 우울증에서도 이 척도는 상승할 수 있다. 그만큼 무기력감이 크다고 보면 된다.

> **D2 소척도 점수가 높은 사람들의 특징**
>
> 1. 꼼짝할 수 없다고 느끼고 틀어박혀 있다.
> 2. 일상생활에서 일어나는 문제들을 처리할 힘이 모자란다.
> 3. 사람들을 피한다.
> 4. 적대적이거나 공격적인 충동이 없다.

출처: 이훈진 외 공역(2010). 『MMPI-2 성격 및 정신병리 평가』(제4판), p. 162.

◆ D3(신체적 기능 장애)

우울하면 뇌에 혈류량이 줄어들면서 뇌 활동이 줄어들고, 그에 따라 신진대사도 줄어들게 된다. 따라서 취약한 영역에 신체적으로 기능 장애가 생길 수 있다.

> **D3 소척도 점수가 높은 사람들의 특징**
>
> 1. 자신의 신체 기능에 대한 생각에 몰두해 있다.
> 2. 건강이 좋지 않다.
> 3. 허약하고 건초열이나 천식, 식욕부진, 메스꺼움이나 구토 및 경련과 같은 여러 종류의 다양한 신체증상을 경험한다.

출처: 이훈진 외 공역(2010). 『MMPI-2 성격 및 정신병리 평가』(제4판), p. 162.

◆ D4(둔감성)

우울하면 정신 에너지가 줄어들면서 의사결정에 둔감해지게 되고, 결정을 할 필요가 없으니 결정에 필요한 외부 자극에 대한 민감성도 줄어든다. 그래서 외부 자극에 대해 별다른 반응을 하지 못하게 된다.

D4 소척도 점수가 높은 사람들의 특징

1. 일상생활에서 일어나는 문제들을 처리할 힘이 모자란다.
2. 긴장한다.
3. 정신을 집중하기 어렵다.
4. 기억 및 판단력이 떨어진다.
5. 자신감이 부족하다.
6. 열등감을 느낀다.
7. 일상에서 거의 즐거움을 얻지 못한다.
8. 더 이상 살 가치가 없다고 생각한다.

출처: 이훈진 외 공역(2010). 『MMPI-2 성격 및 정신병리 평가』(제4판), p. 162.

◆ D5(깊은 근심)

우울하면 정신 에너지의 감소로 문제해결을 못하게 되고, 걱정해야 할 일들이 많아지게 된다.

D5 소척도 점수가 높은 사람들의 특징

1. 깊은 근심에 빠져 곰곰이 생각하며 우는 경우가 많다.
2. 문제들을 처리할 힘이 모자란다.
3. 더 이상 살 가치가 없다고 생각한다.
4. 열등하고 불행하며 쓸모없다고 느낀다.
5. 비판받으면 쉽게 속상해한다.
6. 사고과정을 통제하지 못하는 느낌이다.

출처: 이훈진 외 공역(2010). 『MMPI-2 성격 및 정신병리 평가』(제4판), p. 163.

2) 3번 척도(Hy)의 임상 소척도

◆ Hy1(사회적 불안의 부인)

사회적으로 불안하다는 것은 타인에게 긍정적인 평가를 받지 못할까 봐 걱정하는 것을 의미한다. 긍정적 평가를 받지 못하는 것도 괴롭지만, 긍정적 평가를 받지 못할까 봐 걱정한다는 걸 들키는 것도 괴롭기는 마찬가지이다. 3번 척도가 높은 사람들은 칭찬만 받고 싶어 하는데, 그 방법은 비난을 할 여지를 주지 않는 것이다. 대부분 매우 친절한 맥락의 기술이며, 있을 수 있는 사회적 불안마저 부인하는 것은 흔히 사용되는 대처 전략이다. 다만 65T 이상 상승하는 것은 불가능하여, 3번 척도의 상승을 설명하는 데는 도움이 되지 않는다.

◆ Hy2(애정 욕구)

3번 척도의 핵심 소척도이다. 3번 척도가 상승하는 사람들의 삶의 주제는 칭찬받는 것이다. 칭찬을 사람들보다 더 원하는 이유는 지금까지의 인생에서 칭찬이 결핍되어 있어서 그렇다. 무언가를 더 많이 요구한다는 건 결핍되어 있다는 것이다. 그래서 애정 욕구가 높다는 건 애정 결핍이라는 말이다. 이들은 평소에 칭찬을 많이 받는데 왜 계속 애정이 결핍된 행동이 나올까? 신혼 초에 강남에 있는 백화점에 많이 갔었다. 나는 31세에 결혼을 해서 돈을 처음으로 제대로 벌었다. 그리고 대학까지도 내 옷을 내가 산 적이 한 번도 없었다. 욕구가 없었다기보다는 욕구를 억압하고 있었다는 것이 맞다. 중학교 때 소위 잘나가는 아이들이 나이키

운동화를 신을 때, 난 시장에서 산 프로월드컵 운동화를 신었다. 당시에는 부러움이 있지만 그렇게 크지 않았고 별다른 불편감도 없었다. 그러나 환경에 순응하면서 요구하지 않는 것에 익숙해졌다. 결혼을 하고 돈을 벌면서 사회적 및 경제적으로 독립을 하고 나니 31세에 겨우 옷에 대한 내 욕구를 표현하게 된 것이다. 그때 처음 산 것이 유행 다 지난 떡볶이 코트이다. 더 좋은 걸 살 수 있는데도 굳이 그 옷을 샀다. 욕구가 있다는 건 결핍이 있다는 것이다. 대부분의 애정 결핍은 어렸을 때 느낀 것이다. 상담을 하다 보면 한풀이가 필요한 경우가 많다. 사랑받고 싶은 욕구가 강하고, 그것을 충족시키는 방법으로 다른 현실적인 욕구들을 억압하면서 지낸다. 지금 그리고 여기에서의 감정이나 욕구를 솔직하게 드러내면 애정 욕구가 충족되지 못한다는 두려움이 커서 억압을 하게 되고, 이러한 행동이 오래되면 성격으로 굳어진다.

Hy2 소척도 점수가 높은 사람들의 특징

1. 다른 사람들로부터 주목받고 사랑받고 싶은 욕구가 강하며, 자신의 감정이나 태도를 더 솔직하게 드러내면 이런 욕구가 충족되지 못하리라는 두려움이 있다.
2. 다른 사람들에 대해 낙관적이고 사람을 잘 믿는 태도를 보인다.
3. 다른 사람들을 정직하고 민감하며 사리가 분명하다고 본다.
4. 타인에 대한 부정적인 감정이 없다.
5. 가능하면 언제나 불쾌한 대면은 피하려고 애쓴다.

출처: 이훈진 외 공역(2010). 『MMPI-2 성격 및 정신병리 평가』(제4판), p. 163.

◆ Hy3(권태-무기력)

이 척도는 공허감을 반영하는 지표이다. 3번 척도가 상승하는 사람의 밝은 성격을 고려하면 공허감은 상상하기 힘든 단어일 수 있다. 그러나 이들의 밝은 성격은 타인에게서 칭찬만 들어야 한다는 목적을 가지고 무의식적으로 만들어진 것이다. 그래서 칭찬을 듣지 못하는 상황에서는 상당한 공허감을 느낀다. 자기 기준이 없고, 오로지 타인의 기준에만 민감하기 때문에 타인의 기준이 없어지는 상황이 되면 속이 비어 버리는 것이다. 그런데 이 공허감은 경계선 성격장애의 주된 특징이고, 실제로 경계선 성격장애일 때 이 소척도만 상승하기도 한다.

Hy3 소척도 점수가 높은 사람들의 특징

1. 불편해하고 건강이 좋지 않다고 느낀다.
2. 허약하고 쉽게 피로감을 느끼거나 지친다.
3. 특별한 신체증상을 호소하지 않는다.
4. 정신집중이 어렵고, 식욕부진과 수면장애가 있다.
5. 불행감 및 우울감을 느낀다.
6. 자신의 집안 환경이 유쾌하지 않으며 재미도 없다고 본다.

출처: 이훈진 외 공역(2010). 『MMPI-2 성격 및 정신병리 평가』(제4판), p. 164.

◆ Hy4(신체증상 호소)

1번 척도가 상승하는 사람의 신체화는 도구적인 반면, 3번 척도가 높은 사람의 신체증상은 결과적인 것이다. 구석에 몰린 쥐가 기절하는 것처럼 온갖 친절한 행동을 해도 통하지 않거나, 오히려 비난을 받게 되면 이를 받아들이지 못하고, 이때 받는 스트레스를 몸이 받아 내는 것이다.

Hy4 소척도 점수가 높은 사람들의 특징

1. 많은 신체증상을 호소한다.
2. 심장이나 가슴 통증을 경험한다.
3. 짧게 기절하거나 현기증이나 몸의 균형을 잡지 못할 때가 있다.
4. 메스꺼움 및 구토, 시야 흐림, 떨림이나 너무 뜨겁거나 차가워지는 느낌을 경험한다.
5. 타인에 의해 거의 혹은 전혀 적대감을 표현하지 않는다.

출처: 이훈진 외 공역(2010). 『MMPI-2 성격 및 정신병리 평가』(제4판), p. 164.

◆ Hy5(공격성의 억제)

3번 척도가 높은 사람은 평소에 화를 거의 내지 않지만 확실하게 자기보다 약한 사람, 즉 자기에게 칭찬을 해 줄 가능성이 거의 없다고 생각되는 사람에게는 화를 낸다. 이들은 화가 안 나는 사람이 아니고, 화가 나더라도 표현을 못하는 사람이다. 공격성을 억제한다는 것은 억제할 만큼의 공격성이 있다는 말이다. 따라서 이 척도가 높으면 높은 공격성을 참고 있다고 해석을 해야 한다. 공격성이 있는데 참고 있는 것이니 가끔씩은 작은 일에 크게 화를 터트릴 가능성이 있다. 다만 이 소척도의 내적 일관성이 부족해서 3번 척도 상승의 이유를 설명하기에는 부족하다.

Hy5 소척도 점수가 높은 사람들의 특징

1. 적대적 · 공격적 충동이 일어나지 않는다.

2. 범죄 및 폭력에 대한 기사가 흥미롭지 않다.

3. 다른 사람들이 자신에게 어떻게 반응하는지에 민감하다.

4. 단호하다.

출처: 이훈진 외 공역(2010). 『MMPI-2 성격 및 정신병리 평가』(제4판), p. 164.

3) 4번 척도(Pd)의 임상 소척도

◆ Pd1(가정 불화)

4번 척도는 단순히 사건 몇 개로 상승하지 않는다. 4번 척도는 거의 성격 척도이고, 불만과 공격성이 높게 쌓일 만큼 강압적이고 공격적인 환경에서 성장했을 가능성이 높다. 당연히 원가정에서 스트레스가 컸을 것이고, 원가정에서 배운 공격적 행동을 현 가정에서도 하고 있다면, 현 가정 내에서도 스트레스가 클 것이다. 그런데 이들은 문제 상황에서 남 탓을 하는 경향이 강하다. 이러한 맥락에서 '(나 말고) 우리 집에 문제가 있다'라고 대답할 가능성이 높다.

Pd1 소척도 점수가 높은 사람들의 특징

1. 자신의 가정 및 가족 분위기가 유쾌하지 않다고 본다.

2. 자신의 가정을 떠나고 싶어 한다.

3. 자신의 가정은 사랑, 이해 및 지지가 부족하다고 본다.

4. 자신의 가족들이 비판적이고, 걸핏하면 싸우며, 적당한 자유 및 독립성을 보장하지 않는다고 느낀다.

출처: 이훈진 외 공역(2010). 『MMPI-2 성격 및 정신병리 평가』(제4판), p. 165.

◆ Pd2(권위 불화)

반항적이고 공격적인 사람들은 대부분 윗사람과 부딪힌다. 반항의 대상이 되는 규칙을 윗사람들이 정하는 경우가 많기 때문이다. 그런데 권위에 도전을 하려면 나름의 근거가 있어야 한다. 그래서 옳고 그름에 대한 자기 기준(소신)이 확고한 사람인 경우가 많다. 어떤 사람은 공격적이어서 이 척도가 상승할 수 있지만, 어떤 사람은 소신이 있기 때문에 상승할 수도 있다. 윗사람이 싫어함에도 불구하고 자기주장을 할 수 있는 사람이라는 것이다. 이러한 행동은 상황에 따라 문제가 될 수도 있다. 소신과 막무가내는 사실 같은 행동이다. 둘 다 자기 마음대로 하는 것이다. 소신은 나름대로 근거를 가지고 사회적 규칙을 해치지 않는 것이고, 막무가내는 이 둘을 무시한다는 면에서 차이가 있지만, 둘 다 이 척도가 상승할 수 있다. 이들은 자기가 믿는 것을 옹호하고, 타인의 가치와 기준에 크게 영향을 받지 않는다. 따라서 이 척도 안에 있는 내용들은 모두 자기중심적인 행동들이다. 단지 이 생각을 수용해 주는 사람에게는 별 문제가 생기지 않고, 수용해 주지 않는 사람들에게는 문제가 생길 가능성이 높아진다.

Pd2 소척도 점수가 높은 사람들의 특징

1. 사회적으로 통용되고 부모님이 가지고 있는 규준 및 관습에 분개한다.
2. 학교에서 말썽을 부리거나 혹은 법적인 문제를 일으킨 것이 있다.
3. 옳고 그름에 대한 분명한 소신이 있다.
4. 자신이 믿는 것을 옹호한다.
5. 타인의 가치 및 규준에 크게 영향을 받지 않는다.

출처: 이훈진 외 공역(2010). 『MMPI-2 성격 및 정신병리 평가』(제4판), p. 165.

◆ Pd3(사회적 침착성)

4번 척도가 상승하는 사람들은 공격적인 행동을 통해 분노감을 성공적으로 표출하는 것이 매우 중요하다. 그러나 이러한 성공은 주변에 있는 대다수의 사람이 싫어하는 행동이기 때문에 방해요소가 많다. 따라서 성공적인 분노 표출을 위해서는 치밀하고 침착해야 한다. 그리고 문제행동으로 인하여 잡혔을 때도 침착성은 빛을 발한다. 감정에 동요되지 않고 침착하게 대처함으로써 풀려날 가능성을 극대화시킨다. 이들에게 침착성은 냉정함의 다른 말이기도 하다. 다만 이들은 목적을 위해서는 침착성을 발휘할 수 있다는 것일 뿐, 대부분은 침착하지 않은 경우가 더 많다. 그리고 이 소척도의 내적 일관성이 부족해서 3번 척도 상승의 이유를 설명하기에는 부족하다.

◆ Pd4(사회적 소외)

사회적 소외라고 하면 대강 이해가 되는 듯하지만, Pd5가 내적 소외라는 제목으로 있는 것을 보면 명확한 구분이 필요하다. 살펴보면 '사람들에게 이해받지 못한다고 느낀다'라는 내용이 있다. 차가 끼어들어서 남편이 욕을 하고 있는데 옆에서 아내가 "그렇게 욕을 하면 어떻게 해!"라고 비난한다. 이때 남편은 아내를 이해할 수 없다. 저 차가 끼어들어서(잘못을 해서) 욕을 했는데 뭐가 잘못이란 말인가? 그걸 잘못이라고 여기는 타인을 이해할 수 없다. 강의 시간이 끝나 가는데 누군가가 "질문 있습니다!"라고 하면서 시간을 끌면 친구들이 '너무 눈치 없는 거 아냐!'라고 하면서 비난한다. 질문하는 사람을 이해하지 못하는 것이다. 아내의 비난을 들은 남편과 친구들의 비난을 들은 학생은 스스로 이해받지 못한 느낌이 든다. 주변 사람들의 이해를 받지 못한다는 건 다수로부터 소외된다는 것을 뜻한다. 그리고 다수에 포함되지 못하면 부당한 대우를 받는다고 느끼기 쉽다. 자기주장 경향이 강한 사람들은 자기합리화가 강한데 주장이 거부를 당하면 그 거부를 부당한 대우로 여기기 쉽다.

> **Pd4 소척도 점수가 높은 사람들의 특징**
>
> 1. 소외감, 고립감 및 소원함을 느낀다.
> 2. 사람들로부터 이해받지 못한다고 느낀다.
> 3. 외롭고 불행하며 사랑받지 못한다고 느낀다.
> 4. 살면서 부당한 대우를 받는다고 느낀다.
> 5. 자신의 문제와 결점들을 다른 사람 탓으로 돌린다.
> 6. 다른 사람들이 자신에 대해 어떻게 반응할지를 염려한다.
> 7. 자신의 행동에 대한 후회, 죄책감 및 양심의 가책을 경험한다.

출처: 이훈진 외 공역(2010). 『MMPI-2 성격 및 정신병리 평가』(제4판), p. 165.

◆ **Pd5(내적 소외)**

내적 소외는 사회적 소외보다 말이 더 어렵다. 다음에 제시한 Pd5 소척도 점수가 높은 사람들의 특징을 보면 '일상에서 재미나 보람을 찾지 못한다'라는 내용이 있다. 흥미를 찾지 못한다는 면에서 보면 우울증에 가까워 보이지만, 그보다는 반사회적 성향이 있는 사람이 화를 내기 직전 마음 상태를 반영한다. 이들은 자신이 저지른 문제행동에 대해 지적을 받아도 심각성을 인식하지 못한다. 뭔가 잘못했다는데 자신은 잘못한 것 같지가 않기 때문에 경험과 생각의 불일치가 일어난다. 불일치 상황에서 상대가 나의 잘못을 계속 지적하면 억울하고 화가 난다. 이들이 약자일 때는 자신이 잘못했다고 생각하지 않지만 잘못했다고 말한다. 하고 싶은 행동인데 잘못이라고 하니 할 수가 없고, 이성적으로는 죄책감이 들면서 재미있는 활동이 없으니 무기력해지고 스스로를 고립시키게 된다.

Pd5 소척도 점수가 높은 사람들의 특징

1. 불편하고 불행하다.
2. 정신을 집중하기 어렵다.
3. 일상에서 재미나 보람을 찾지 못한다.
4. 예전에 한 일에 대해 후회, 죄책감 및 양심의 가책을 경험하지만, 무엇을 잘못했는지는 잘 모른다.
5. 차분하게 마음잡기가 힘들다.
6. 과도하게 술을 마실 수 있다.

출처: 이훈진 외 공역(2010). 『MMPI-2 성격 및 정신병리 평가』(제4판), p. 166.

4) 6번 척도(Pa)의 임상 소척도

◆ Pa1(피해의식)

6번 척도의 내용을 숙지했다면 추가로 설명할 내용은 없다.

Pa1 소척도 점수가 높은 사람들의 특징

1. 세상을 위협적인 곳으로 본다.
2. 살면서 부당한 대우를 받고 있다고 느낀다.
3. 이해받지 못한다고 느낀다.
4. 다른 사람들로부터 부당한 비난이나 책망을 받는다고 느낀다.
5. 타인을 의심하고 믿지 못한다.
6. 자신의 문제 및 결점에 대해 다른 사람을 비난한다.
7. 다른 사람들이 자신에게 영향력을 행사하거나 통제하려 한다고 느낀다.
8. 다른 사람들이 자신을 독살하려 하거나 그렇지 않으면 해를 입히려 한다고 믿는다.

출처: 이훈진 외 공역(2010). 『MMPI-2 성격 및 정신병리 평가』(제4판), p. 166.

◆ **Pa2(예민성)**

예민하다는 것은 기능적으로 말하면 스트레스에 대한 역치가 낮다는 것을 의미한다. 보통은 10 정도의 강도에 감지를 해야 하는데 2의 자극에 대해서 반응을 하면 예민하다고 하는 것이다. 작은 자극에도 너무 좋거나 너무 싫은 기분이 생긴다면 생활하기가 너무 힘들다. 대개 감정이라는 것은 신체 내적인 균형을 해친다. 잠깐 생겼다가 없어지면 균형을 유지하는 데 별 문제가 없지만, 그 강도가 크면 균형이 깨지게 된다. 너무 화가 나도, 너무 슬퍼도, 너무 웃겨도 생각의 흐름을 유지하지 못하고, 이성적이고 객관적인 판단을 방해하게 된다. 역치가 낮다는 것은 작은 것을 크고 강렬하게 느낀다는 말이다. 실생활에서는 큰 일이 가끔 있으니 삶의 균형이 깨지는 일도 가끔이어서 대처가 되겠지만, 역치가 낮으면 주관적으로 크게 느끼는 일이 많아지니 실제로 삶의 균형이 깨지는 일이 많아질 것이다. 이들은 기분전환을 위해서 위험하거나 자극적인 행위를 자주 한다. 낮은 역치에 익숙해지면 2의 자극으로도 10을 경험하게 되는데, 어쨌든 10을 경험했기 때문에 계속해서 10에 익숙해진다. 익숙해진 상황에서 10의 자극을 받지 못하면 오히려 괴로워질 수 있다. 일종의 중독 상태가 되는 것이다. 가끔 웃을 때는 웃음을 쫓지 않는다. 그런데 맨날 웃는 사람은 안 웃으면 힘들다. 웃는 것이 기본값이 되었기 때문이다. 그래서 억지로 웃긴 자극을 찾는다.

Pa2 소척도 점수가 높은 사람들의 특징

1. 다른 사람들보다 신경이 과민하거나 흥분을 잘하며 더 민감하다.
2. 다른 사람들에 비해 더 강렬한 감정을 느낀다.
3. 외롭고 이해받지 못한다고 느낀다.
4. 기분전환을 위해 위험하거나 자극적인 행위를 찾는다.

출처: 이훈진 외 공역(2010). 『MMPI-2 성격 및 정신병리 평가』(제4판), p. 166.

◆ **Pa3(순진성)**

6번 척도가 높으면 의심이 많고 공격적인 모습을 더 많이 생각하게 되는데, 한편으로는 순진한 부분도 있다. 이들의 도덕성은 초등학생 수준이다. 그래서 상대의 말을 곧이곧대로 믿어 버린다. 만난 지 1주일 만에 100만 원을 빌려 달라고 하는데 바로 빌려준다. 그래 놓고 상대가 갚지 않으면 자신을 배신했다고 하면서 비난한다. 그러고는 다음부터 절대 사람을 믿지 않겠다고 한다. 그런데 생각을 해 보자. 만난 지 1주일이라는 기간은 원래

100만 원 정도를 빌려줄 정도의 믿음이 생기는 기간이 아니다. 100만 원을 빌려주려면 더 많은 상황을 고려하여 판단해야 하는데 단편적인 몇몇 단서만 가지고 섣불리 판단을 한 것이다. 그래서 사기꾼 영화를 보면, 의심이 많은 사람이 누군가를 한번 믿으면 너무 믿게 되고 그래서 탈이 나는 모습을 보게 된다. 세상살이는 그렇게 단순하고 확실하지가 않은데, 너무 단순하고 확실한 것만 찾다 보니 무리하게 믿음을 주는 상황이 생긴다. 믿음과 불신의 경험이 반복되면서 소수의 못 믿을 사람들 때문에 믿어야 할 대부분의 사람을 믿지 못하게 되는 상황이 된 것이다. 이들의 도덕적 기준은 높은데, 사실 기준이 높다기보다는 경직되었다는 표현이 더 적당하다. 도덕발달은 성인이 되면 유연성을 가져야 하고 자기 내면의 기준이 있어야 하는데 그렇게 발전하지 못한 것이다.

Pa3 소척도 점수가 높은 사람들의 특징

1. 다른 사람들에 대해 매우 낙관적인 태도를 취한다.
2. 사람들이 정직하고, 이기적이지 않고, 관대하며 이타적이라고 본다.
3. 잘 믿는다.
4. 도덕적 기준이 높다.
5. 적대감 및 부정적인 충동이 일어나지 않는다.

출처: 이훈진 외 공역(2010). 『MMPI-2 성격 및 정신병리 평가』(제4판), p. 167.

5) 8번 척도(Sc)의 임상 소척도

◆ Sc1(사회적 소외)

4번 척도에서의 사회적 소외가 사람들에 대한 불만으로 인한 결과라면, 8번 척도의 사회적 소외는 편집적인 사고의 결과이다. 여기서 사회적 소외가 생기는 이유는 의심이 많기 때문이다. 다음의 내용을 살펴보면, 부당한 대우를 받고 있고, 다른 사람들이 자신에 대한 원한을 가진다고 생각하며, 다른 사람들이 자신에게 해를 끼친다고 생각하는 등 편집적인 내용이 많다.

Sc1 소척도 점수가 높은 사람들의 특징

1. 살면서 부당한 대우를 받고 있다고 믿는다.
2. 사람들로부터 이해받지 못한다고 믿는다.
3. 다른 사람들이 자신에 대해 원한을 품고 있다고 믿는다.
4. 다른 사람들이 자신에게 해를 입히려 한다고 믿는다.
5. 가족 간에 사랑과 지지가 부족하다고 느낀다.
6. 가족들이 자신을 애 취급한다고 느낀다.
7. 외로움과 공허감을 느낀다.
8. 누구와도 사랑을 해 본 적이 없다.
9. 가족에 대해 적대감과 증오심을 품는다.
10. 가능하면 사회적 상황 및 인간관계를 피한다.

출처: 이훈진 외 공역(2010). 『MMPI-2 성격 및 정신병리 평가』(제4판), p. 167.

◆ Sc2(정서적 소외)

정서적 소외는 생소한 개념이다. 다음에 제시한 Sc2 소척도 점수가 높은 사람들의 특징을 보면, '우울 및 절망감을 경험하며, 죽어 버렸으면 하는 마음이 있을 수 있다'라는 내용이 있다. 남편이 술을 먹고 늦게 들어왔을 때 아내가 스스로 죽어 버리겠다고 말하는 건 본인이 죽겠다는 말이 아니다. 남편이 죽었으면 좋겠다는 말을 수동공격적으로 표현한 것이다. 수동공격은 가학적 · 피학적 욕구를 모두 내포한다. 그리고 이러한 특성은 우울증과 관련이 더 있다. 그래서 우울할 때 8번 척도가 상승할 수도 있다. 가학과 피학은 성인영화에나 나오는 특이한 개념이 아니다. 일상에서도 누구나 쉽게 경험할 수 있다. 내가 상담센터를 열어서 운영을 해 보니 내가 사장이고 감독자이니 센터 내에서는 누구 하나 의견에 반대하는 사람이 없다. 그 대신 밥값, 술값은 모두 다 내가 내는데, 그래도 기분이 좋다. 이는 가학적인 상태이다. 그런데 가끔 학교 선배들을 만나거나 모임에서 형님들과 놀 때는 전적으로 낮은 자세를 취하고 얻어먹기만 한다. 이는 피학적인 상태이다. 이 말이 극단적으로 들릴 수 있겠지만 각각의 행동이 심해지면 병리적인 형태의 가학과 피학이 된다. 집에서 CEO 남편에게 한마디도 못하는 아내가 백화점에 가서 직원들에게 큰소리를 치게 된다. 갑질하는(가학적인) 사람들은 어딘가에서 피학적인 대우를 받고 있을 가능성이 매우 크다. 이들 관계의 문제는 일방적이라는 것이다. 이들의 가학과 피학의 경향을 줄이려면 일방적인 관계가 아니라 소통하는 평등한 관계를 만들어야 한다.

> ### Sc2 소척도 점수가 높은 사람들의 특징
> 1. 우울 및 절망감을 경험하며, 죽어 버렸으면 하는 마음이 있을 수 있다.
> 2. 냉담하며 겁을 먹는다.
> 3. 가학적인 혹은 피학적인 욕구가 있다.

출처: 이훈진 외 공역(2010). 『MMPI-2 성격 및 정신병리 평가』(제4판), p. 167.

◆ Sc3(자아통합결여-인지적)

자아통합결여라는 말이 괜히 어렵게 느껴진다. 그냥 혼란스럽다는 말이다. 물론 혼란이라는 단어도 애매하다. 한 번 더 다듬어서 말하면, 의사결정을 하기 어려운 상태를 뜻한다. 인지적으로 혼란스럽다는 것은 사고상의 결정을 하기 힘들다는 말이다. 사고상의 혼란감이 있는 상태를 알 수 있는 가장 좋은 방법은 언어의 논리와 일관성에 문제가 있는지 파악하는 것이다. 정신증이어서 상승할 수도 있지만, 언어의 논리와 일관성이 부족하면 어떤 상태에서든 상승할 수 있다.

> ### Sc3 소척도 점수가 높은 사람들의 특징
> 1. 미칠지도 모른다고 느낀다.
> 2. 생각이 이상하게 흘러가며 비현실감이 든다.
> 3. 정신집중 및 기억에 어려움이 있다.

출처: 이훈진 외 공역(2010). 『MMPI-2 성격 및 정신병리 평가』(제4판), p. 167.

◆ Sc4(자아통합결여-동기적)

동기가 혼란스럽다는 말인데, 이는 욕구나 동기를 결정하지 못한 상태, 즉 욕구나 동기를 스스로 파악하지 못한 상태로 보면 된다. 이러한 상황은 크게 두 가지가 있다. 첫 번째는 우울감에 따른 무기력이다. 그리고 이것과 관련된 내용들이 다음에 제시한 Sc4 소척도 점수가 높은 사람들의 특징에서도 나온다('일상적인 일을 처리하는 데 어려움이 있으며, 과도하게 염려한다' '백일몽으로 빠져들게 된다'). 전체적으로 문제 상황을 회피하는 내용들인데, 회피의 도구가 무기력과 의욕저하인 것이다. 두 번째는 조현병의 위축(withdrawal)이다. 뇌기능이 떨어져 의사결정이 어려워지면서 두려움이 커지고 결국은 아무것도 안 하고 씻지도 않고 먹지도 않고 방에만 있게 된다. 이들은 왜곡된 사고로 인해 혼자 있는 시간이 많아지면서 혼자만의 공상에 빠져서 망상이 공고화되기도 한다.

Sc4 소척도 점수가 높은 사람들의 특징

1. 인생살이가 힘들다고 느끼며, 우울 및 절망감을 경험한다.
2. 일상적인 일을 처리하는 데 어려움이 있으며, 과도하게 염려한다.
3. 스트레스에 부딪히면 공상 및 백일몽으로 빠져들게 된다.
4. 일상에서 재미와 보람을 찾지 못한다.
5. 모든 게 더 나아질 거라는 희망을 잃었다.
6. 죽어 버렸으면 하는 마음이 있을 수 있다.

출처: 이훈진 외 공역(2010). 『MMPI-2 성격 및 정신병리 평가』(제4판), p. 168.

◆ Sc5(자아통합결여-억제부전)

먼저 억제부전이라 함은 억제를 하지 못한다는 말이니, 충동적이라는 뜻이 된다. 따라서 충동통제의 어려움이 생긴 상황이다. 감정과 충동을 통제하지 못하고 안절부절못하고 짜증 낸다. 자기가 자기를 통제하지 못하는 상태이다. 조현병에서는 뇌기능이 떨어져서, 조증일 때는 에너지가 너무 많아서, 극한의 스트레스 상황에서는 과부하가 걸려서 자기조절에 어려움이 생긴다. 이유에 상관없이 판단력이 떨어졌을 가능성이 높고, 치료를 위해서는 원인을 파악하는 것이 중요하다.

Sc5 소척도 점수가 높은 사람들의 특징

1. 자신의 감정과 충동을 통제하지 못한다고 느끼며 자신의 통제력 상실에 놀란다.
2. 안절부절못하고 과잉행동을 보이며 짜증을 부리는 경향이 있다.
3. 웃음과 울음을 참지 못하는 때가 있다.
4. 자신이 무엇을 하고 있는지 모르고, 나중에도 자신이 한 행동을 기억하지 못했던 경험이 있다.

출처: 이훈진 외 공역(2010). 『MMPI-2 성격 및 정신병리 평가』(제4판), p. 168.

◆ **Sc6(기태적 감각 경험)**

특이한 감각 경험이라는 것은 환각 경험을 의미한다. 환각은 다섯 가지 감각에서 모두 나타날 수 있다. 그런데 조현병 환자들에게는 주로 환청, 환시가 많아서 이 척도의 점수가 높다면, 다른 환각이 더 두드러질 가능성이 높고, 다른 환각이 더 두드러진다면 오히려 조현병이 아닐 가능성이 높다(치매, 알코올성 치매, 해리성 장애, 꾀병 등).

Sc6 소척도 점수가 높은 사람들의 특징

1. 자신의 몸이 이상하고 유별나게 변하고 있다는 느낌이 든다.
2. 피부가 민감해지고, 뜨겁거나 차가운 느낌이 들고, 목소리가 변하고, 근경련이 일어나고, 동작이 서툴고, 몸의 균형을 잡는 데 어려움이 있고, 귀가 윙윙거리거나 울리고, 마비를 경험하고, 몸이 허약해지는 것을 경험한다.
3. 환각, 이상한 사고 내용을 경험하고, 외부의 어떤 힘이 작용한다고 생각한다.

출처: 이훈진 외 공역(2010). 『MMPI-2 성격 및 정신병리 평가』(제4판), p. 168.

6) 9번 척도(Ma)의 임상 소척도

◆ Ma1(비도덕성)

9번 척도에 비도덕성이 기본적으로 들어 있다. 통상 4번과 9번 척도의 동반 상승은 반사회성을 의미한다. 근데 4번 척도가 없이 9번 척도가 단독 상승해도 반사회적일 수 있다는 말이다. 다만 9번 척도의 비도덕성은 결과적으로 봐야 한다. 에너지가 넘쳐서 자신의 욕구를 중심으로 생각하다 보니, 그 결과 도덕적 행동을 미처 하지 못하게 되는 것이다. 남들을 조정하고 착취하게 되는 것도 이러한 맥락에서 봐야 한다. 9번 척도는 에너지 상승을 기본으로 한다. 조증은 자기가 왕이 된 느낌으로 사는 것이다. 따라서 타인을 조정하고 착취하는 것을 당연하게 여긴다. 그리고 이들은 냉정하다. 남들의 견해에 대해서 아랑곳하지 않는다. 냉정한 것이 부정적으로 보일 수 있지만 이 역시 결과적인 것이다. 남을 고려하지 않으니 자기중심적이고 냉소적으로 보이는 것이다. 또한 참을성이 없고, 짜증을 잘 낸다. 에너지가 많은 상황에서 스트레스가 많아지면 감정을 격하게 표현할 테니 이로 인해 피해를 입는 사람에게는 이것이 공격성으로 보일 수 있다.

Ma1 소척도 점수가 높은 사람들의 특징

1. 사람들을 이기적이고 정직하지 못하며 기회주의적이라고 보면서, 그런 사람들처럼 행동하는 게 정당하다고 느낀다.
2. 다른 사람들을 조종하고 착취함으로써 대리만족을 얻는다.

출처: 이훈진 외 공역(2010). 『MMPI-2 성격 및 정신병리 평가』(제4판), p. 169.

◆ **Ma2(심신운동 항진)**

높은 에너지에 바탕하여 자극을 추구하는 성향을 나타낸다. 교감신경계 흥분 상태를 생각하면 된다. 에너지가 높아서 무엇을 하든 격하게 하게 되니 갈등이 발생하고 문제가 커질 가능성이 높아진다.

Ma2 소척도 점수가 높은 사람들의 특징

1. 말의 속도, 사고과정 및 근육운동이 빨라진다.
2. 긴장감을 느끼고 안절부절못한다.
3. 이유 없이 흥분하거나 기분이 고양된다.
4. 쉽게 지루함을 느끼고 이를 이겨 내고자 모험이나 흥분, 위험을 쫓게 된다.
5. 해롭거나 충격적인 무엇인가를 하려는 충동이 있다.

출처: 이훈진 외 공역(2010). 『MMPI-2 성격 및 정신병리 평가』(제4판), p. 169.

◆ Ma3(냉정함)

Ma1의 비도덕성과 같은 맥락에서 결과적으로 봐야 한다. 높은 에너지를 바탕으로 자신의 욕구를 충족시키는 데 몰입하다 보니 다른 사람의 상태를 고려하기 쉽지 않다. 추가적인 스트레스가 발생한다면 타인에게 더욱 냉정하게 보일 수 있는 자기중심적 행동을 하게 된다.

Ma3 소척도 점수가 높은 사람들의 특징

1. 사회적 장면에서 불안을 경험하지 않는다.
2. 주변에 사람들이 있으면 편안하다.
3. 사람들과 이야기하는 데 어려움이 없다.
4. 다른 사람의 견해, 가치 및 태도에 아랑곳하지 않는다.
5. 참을성이 없고 다른 사람들에게 짜증을 부린다.

출처: 이훈진 외 공역(2010). 『MMPI-2 성격 및 정신병리 평가』(제4판), p. 169.

◆ Ma4(자아팽창)

조증 상태에서의 자기과대성을 의미한다. 그러나 조증이나 경조증이 아니어도 자기과대성은 높을 수 있다. 자기가 있는 환경에서 상대적으로 기능이 가장 높은 사람의 경우가 그렇다. 그래서 서울대학교를 나온 의사들 사이에 지방의 대학교를 나온 의사는 자기과대성이 나타나지 않을 수 있지만, 모두 초졸인 부모 밑에서 자란 전문대 재학생 아들은 자기과대성이 높을 수 있다.

> **Ma4 소척도 점수가 높은 사람들의 특징**
> 1. 자신은 중요한 사람이라고 생각한다.
> 2. 다른 사람들이 요구를 할 경우, 특히 요구하는 사람이 자신보다 무능하다고 느끼는 경우 분개한다.
> 3. 부당하게 취급받는다고 느낀다.

출처: 이훈진 외 공역(2010). 『MMPI-2 성격 및 정신병리 평가』(제4판), p. 169.

7) 0번 척도(Si)의 임상 소척도

◆ Si1(수줍음/자의식)

자의식이라는 단어는 매우 어려운 단어이다. 특정 이론에서만 강조하는 단어로서 그 의미를 설명하기 위해서 추가 설명을 또 해야 하는 경우가 많다. 그리고 수줍음과 자의식은 왜 같이 사용되고 있을까? 자의식은 말 그대로 자기를 많이 의식한다는 말이다. 자의식과 수줍음을 연결하기 위해서는 사회불안을 생각하면 된다. 사회불안이 있는 사람은 발표 당시에 실수를 하면 당황하여 얼굴이 빨개지고 손이 떨리는 경우가 있는데, 이러한 자기를 스스로 인식해서 더 불안이 커진다. 수줍다는 것은 사회적 기술이 부족하다는 말이다. 사회적 기술이 부족한 사람은 대처 능력에 대한 확신이 부족해서 자의식이 커질수록 불안 수준이 높아진다. 사회불안에서의 자의식을 자기 초점적 주의라고 한다.

Si1 소척도 점수가 높은 사람들의 특징

1. 사회적 장면에서 수줍어하고, 불안해하며 불편감을 느낀다.
2. 쉽게 당혹스러워한다.
3. 새로운 상황에서 마음이 편치 못하다.
4. 말수가 많지 않거나 붙임성이 없다.
5. 자신감이 부족하여 쉽게 포기한다.
6. 임상 장면의 경우, 우울증상을 보인다.
7. 임상 장면의 경우, 활력 부족이 관찰된다.

Si1 소척도 점수가 낮은 사람들의 특징

1. 외향적이다.
2. 다른 사람들과의 사회적 접촉을 주도한다.
3. 말수가 많고 붙임성이 있다.
4. 자기 확신이 있어 쉽게 포기하지 않는다.

출처: 이훈진 외 공역(2010). 『MMPI-2 성격 및 정신병리 평가』(제4판), p. 172.

◆ **Si2(사회적 회피)**

수줍음과 비슷해 보이지만 사회적 회피는 좀 더 행동적인 것에 가깝다. 수줍음은 사회적 기술이 부족함을 인식하고 느끼는 심리적 당황함이라면, 사회적 회피는 실제로 회피행동을 하는 정도를 나타낸다. 그래서 사람들과 함께 있게 되는 상황을 적극적으로 피한다. 다만 몸을 움직이는 것뿐 아니라 사람들이 대화할 때 대화를 듣지 않는 수동적인 회피가 나타날 수도 있다.

> **Si2 소척도 점수가 높은 사람들의 특징**
>
> 1. 많은 사람과 함께하는 자리를 즐겨 하지 않는다.
> 2. 다른 사람과 함께 있게 되는 상황을 적극적으로 피한다.
> 3. 수줍어한다.
> 4. 포부나 성취동기가 높거나 강하지 않다.
> 5. 임상 장면의 경우, 우울, 불안, 신체증상 및 강박적 생각과 행동을 보고한다.

> **Si2 소척도 점수가 낮은 사람들의 특징**
>
> 1. 많은 사람과 함께하는 자리를 즐긴다.
> 2. 다른 사람들과의 사회적 접촉을 주도한다.

출처: 이훈진 외 공역(2010). 『MMPI-2 성격 및 정신병리 평가』(제4판), p. 173.

◆ Si3(내적/외적 소외)

제목만 보면 말이 너무 어렵다. 달라 보이는 것을 같이 붙여 놓고 있다. 내용을 살펴보면 자존감이 낮은 것을 뜻하는 내용이 많다. 여기서 말하는 소외는 나 스스로 나를 깎아내리는 것이다. 이들은 불안정하고, 스스로 동기가 없다. 등교 거부나 은둔형 외톨이에 해당하는 사람들이다. 자기 능력에 대한 자신감이 부족해 할 수 있는 게 없다고 스스로 생각하기 때문이다. 이들은 성취를 경험해 본 적이 거의 없다. 그래서 치료적으로는 성취를 경험하는 게 중요하다. 절대로 욕구가 근본적으로 없는 사람은 하나도 없다. 사람을 싫어하는 사람도 없고, 맛있는 것을 싫어하는 사람도 없다. 성취하는 게 싫은 사람도 없다. 우리는 생물이고, 이 모든 것들은 생존에 필요한 것들이다. 그런데 이러한 욕구들이 없는 것처럼 보이는 사람들이 있다. 기본적인 욕구는 누구나 있다.

지금 현재 낮아진 것이고 눌려 있는 것일 뿐이다. 욕구를 끌어올리기 위해서는 옆에서 지지적으로 봐 주는 사람이 있어야 하고, 이것이 상담자의 역할이다.

Si3 소척도 점수가 높은 사람들의 특징

1. 자존감이 낮다.
2. 활동에 대한 관심이 부족하다.
3. 자신의 생활여건을 변화시키는 것이 불가능하다고 느낀다.
4. 통제 소재가 외부에 있다.
5. 대인관계에서 매우 민감하다.
6. 불안정감을 느낀다.
7. 강한 성취동기가 없다.
8. 임상 장면의 경우, 우울감, 슬픔 및 무망감을 느낀다.
9. 임상 장면의 경우, 강박적 생각 및 행동을 보고한다.

Si3 소척도 점수가 낮은 사람들의 특징

1. 자존감이 높다.
2. 여러 활동에 관심을 나타낸다.
3. 자신의 생활여건을 변화시킬 수 있다고 느낀다.

출처: 이훈진 외 공역(2010). 『MMPI-2 성격 및 정신병리 평가』(제4판), p. 173.

 2. 재구성 임상척도

MMPI의 임상척도들은 '임상적 경험'을 바탕으로 만들었고, 나는 이것이 MMPI의 정체성을 설명하는 가장 중요한 특징이라고 생각한다. 그런데 이에 대한 비판이 계속 있었고, 그러던 차에 '방법론적 타당성'을 높인 척도를 만든 것이 '재구성 임상척도'이다. 미리 말하면, 미국에서 이미 출시된 MMPI-3에서는 임상척도가 아예 빠지고, 재구성 임상척도가 주요 척도가 된다. 아직 MMPI-3가 한국에서 출시된다는 소식은 없으나, 이를 대비해서 이제부터는 재구성 임상척도를 눈여겨봐야 할 필요가 있다. 그리고 개발 단계에서 나중에 추가된 5번과 0번 척도에 대한 재구성 임상척도는 없다. 구성이 복잡해서 핵심 개념이 잘 나오지 않는 척도라는 말이다.

◆ RCd: 의기소침(demoralization)

대부분의 임상척도가 공유하는 공통요소가 있는데, 그것이 '의기소침'이다. 요인분석에서의 공통요인을 뜻하는 것으로서, 8개 임상척도가 공유하는 모든 심리적 스트레스의 근본이라는 말이다. 그리고 각 재구성 임상척도는 의기소침의 영향을 제외한 각 임상척도의 가장 핵심적인 요인이라고 보면 된다. 그래서 의기소침은 전반적인 불편감을 뜻한다.

◆ RC1: 신체증상 호소(somatic complaints)

1번 척도의 핵심은 '신체증상 호소'이다. 영어를 그대로 해석하면 신체적 불편감이 많다는 말이니 신체증상을 호소하면서 징징대는 모습을 보일 가능성이 높다. 이 점수가 높다면 병리적인 수준에서 억압이 지속되면서 신체화가 나타날 가능성이 높다.

◆ RC2: 낮은 긍정정서(low positive emotions)

2번 척도의 핵심은 '낮은 긍정정서'이다. 우울감이 있을 때 부정적 생각과 고통감이 커지는 게 주요 증상이지만, 긍정적인 생각과 감정이 줄어드는 것도 주된 증상이다. 그리고 면담에서는 후자를 감별하기가 더 어렵다. 그런 면에서 RC2는 면담에서 드러나지 않는 우울감을 찾아내는 데 도움이 되는 척도이다.

◆ RC3: 냉소적 태도(cynicism)

3번 척도의 핵심은 '냉소적 태도'이다. 3번 척도의 기본차원이 긍정적인 감정 표현이라고 했는데, 핵심은 전혀 다른 내용이다. 그래서 RC3의 상승은 임상척도 3번과 반대 방향으로 움직인다. 쉽게 생각하면 친사회적인 모습을 측정하기 위한 방법이 친사회성을 측정하는 것이 아니라, 반대 특성인 냉소적 태도가 얼마나 적은가를 통해 측정한다는 말이다. 냉소가 기본 개념이라는 것을 통해 알 수 있는 것은 3번 척도가 높은 사람의 사회성이 사람이 좋아서가 아니라, 그저 칭찬과 관심을 받기 위한 도구일 뿐이라는 것이다.

그리고 냉소적 태도라는 개념 자체만을 본다면, 이 척도가 높을 때 냉소적인 모습이 겉으로 드러나지 않을 수 있다. 평소 겉으로 드러나는 행동은 얌전하고 조용한데, 대화를 해 보면 냉소적이거나 비꼬는 모습이 묻어나는 사람일 수 있다. 이 척도만 높다면 잔인하거나 공격적인 생각을 행동에 옮길 가능성은 떨어진다. 행동으로 나타나지 않는다는 것은 내면의 분노감이 그렇게 높지는 않다는 말이고, 개선의 가능성이 높다.

◆ RC4: 반사회적 행동(antisocial behavior)

4번 척도의 핵심은 '반사회적 행동'이다. '반사회성'은 분노감이 높다는 것을 뜻하고, '행동'은 그 표현의 강도가 높다는 말이니, RC4가 상승한다는 것은 분노감이 매우 높아서 이를 표현할 가능성이 높고, 주변 사람들과 갈등이 있을 가능성도 높다는 것을 뜻한다.

◆ RC6: 피해의식(ideas of persecution)

6번 척도의 핵심은 '피해의식'이다. 피해의식은 자신이 남에게 피해를 입을 것이라고 예상하는 것이다. 그래서 6번 척도가 높을 때 하는 의심은 남이 날 비난할 가능성을 의심하는 것이다. 이러한 의심을 한다는 것은 비난에 취약하다는 말이고, 이는 자존감이 낮을 때 나타나는 현상이다.

◆ RC7: 역기능적 부정정서(dysfunctional negative emotions)

7번 척도의 핵심은 '역기능적 부정정서'이다. '역기능적'이라는 말은 문제해결에 도움이 안 된다는 말이다. 대개는 불안과 관련된 정서가 여기에 해당된다. 무엇인가를 걱정하는 것은 부정적 결과를 예상하는 것이기 때문에 부정적 정서에 속하는데, 그 걱정이 일의 수행을 방해하는 경우가 많기 때문에 '역기능적'이라는 말을 붙인 것이다. 그리고 이러한 말이 있다는 것은 기능적 부정정서도 있다는 말이니, 상담에서는 부정정서를 무조건 없애는 것이 아니라 역기능적 수준에서 내려오게 하는 것이 목표가 될 수 있겠다.

◆ RC8: 기태적 경험(aberrant experiences)

8번 척도의 핵심은 '기태적 경험'이다. 경험이라는 단어가 참 묘하다. 조현병의 망상이나 환각 같은 명확한 정신증 증상이든 해리장애에서 보이는 가성 환각이나 꾀병에서 나타나는 과장된 증상 호소이든 상관없이, 어쨌든 비현실적인 증상을 호소한다면 RC8은 상승한다. 그래서 RC8의 상승만 가지고 정신증을 고려할 필요는 없다.

◆ RC9: 경조증적 상태(hypomanic activation)

9번 척도의 핵심은 '경조증적 상태'이다. 조증이 아니고 경조증이라는 것이 중요하다. 조증의 기분 좋음은 너무 과도해서 주변 사람이 공감하기 힘들고, 문제라는 걸 바로 파악할 수 있다. 그러나 경조증의 기분 좋음은 그 정도가 적당하여 주변 사람들이 공감하기 쉽다. 주변 사람들에게 실제로 영향을 줄 수 있는 에너지 수준이라는 것이다. 유용한 상황은 겉보기에는 에너지가 높지 않아 보이는데 RC9의 점수가 높게 나타났을 때이다. 에너지가 행동보다는 정서나 사고 영역에서 많이 사용되고 있을 가능성이 높다.

📍 3. 성격병리 5요인 척도

MMPI에서 나타나는 60개의 성격 특성을 추려내서 5개로 만들었다. MMPI는 사람들의 병리적 특성, 즉 문제점이나 부정적인 부분을 찾기 위해서 만들어졌다. 그러나 일반인들에게 많이 사용되면서 정상적인 수준에서 언급할 부분들이 필요해졌을 것이다. 성격병리 5요인 척도는 병리와 성격을 연장선상에서 보는 척도이다. 그래도 초점은 병리 쪽으로 조금 기울어져 있다. 그래서 제목을 '성격병리'라고 칭하고 있고, Big5 이론에 따르는 NEO-PI(경험에 대한 개방성, 외향성, 친화성, 신경질적 성향)와도 구성이 조금 다르다. 성격병리 5요인 척도는 '공격성' '정신증' '통제 결여' '부정적 정서성/신경증' '내향성/낮은 긍정적 정서성'으로 구성되어 있다.

◆ AGGR: 공격성(aggressiveness)

여기서의 공격성은 공격적 태도와 행동을 모두 포함하는 전반적인 공격성으로 보면 되기 때문에 해석에 별다른 어려움은 없다.

AGGR 척도 점수가 높은 사람들의 특징

1. 언어적으로든 신체적으로든 공격적이다.
2. 다른 사람을 지배하거나 통제하기 위해 폭력을 사용한다.
3. 다른 사람들을 위협하기를 즐긴다.
4. 학교에서 행동 문제를 보인 개인력이 있다.
5. 체포된 적이 있다.
6. 남자라면 가정폭력을 저지른 적이 있는 경우가 많다.
7. 임상 장면이나 법정 장면에서 반사회적 성격장애의 진단을 받는 경향이 있다.
8. 치료 중에 치료자를 통제하거나 지배하려고 노력한다.
9. 치료 중에 폭력성에 대한 대가와 비용에 대해 토론을 하면 도움이 될 수 있다.

출처: 이훈진 외 공역(2010). 『MMPI-2 성격 및 정신병리 평가』(제4판), p. 224.

◆ PSYC: 정신증(psychoticism)

정신증은 특이한 사고 경향을 말한다. 간단하게 말하면 편집적인 사고와 특이한 사고의 조합이다. 조현병이나 정신증이 있는 경우 상승하는 건 당연하지만, 고통감이 극한 수준에 이르면 정신증적 상태가 아니어도 척도가 상승할 수 있고, 이 경우에 오히려 더 높게 상승한다. 이 척도는 낮은 점수일 때는 별 의미가 없다.

PSYC 척도 점수가 높은 사람들의 특징

1. 현실과 단절된 경험을 하고 있다.
2. 다른 사람에게는 없는 신념 혹은 이상한 감각 혹은 지각적 경험을 한다.
3. 관계 망상을 보고한다.
4. 기태적이고 혼란되어 있거나 우원적인 사고를 보인다.
5. 비현실적인 수준으로 위험을 예상한다.
6. 소외감을 느낀다.
7. 친구가 극소수이거나 전혀 없다.
8. 직업적 적응이 빈약한 전력을 보인다.
9. 성취 지향적이지 않다.
10. 치료에서 현실 검증을 할 기회를 자주 만들면 도움이 될 수 있다.

출처: 이훈진 외 공역(2010). 『MMPI-2 성격 및 정신병리 평가』(제4판), p. 224.

◆ DISC: 통제 결여(disconstraint)

통제 결여라는 것은 통제를 하지 못하는 상태, 즉 충동적인 상태를 뜻한다. 심리적 통제의 대상은 욕구와 감정이다. 사람들은 화가 나도 참고 기분이 좋아도 참는다. 참는다기보다는 적당히 조절해서 주변 환경을 해치지 않게 노력한다. 그래서 욕구와 감정은 조절(통제)의 대상이다. 점수가 높을수록 조절을 하지 못하고 충동적으로 욕구와 감정을 표현할 가능성이 높으니 갈등을 겪거나 문제 상황에 처할 가능성이 높아진다. 반대로 이 척도가 너무 낮다면 욕구와 감정을 너무 조절(통제)하고 있을 가능성이 높다.

DISC 척도 점수가 높은 사람들의 특징

1. 충동적이고 자기통제가 결여되어 있다.
2. 신체적으로 위험 추구적인 행동을 한다.
3. 일상생활을 쉽게 지루해하며, 흥분되는 경험을 찾아다닌다.
4. 전통적인 도덕적 제약에 덜 얽매인다.
5. 약물 남용 전력을 보이는 경우가 많다.
6. 학교에서 문제를 일으키거나 체포되었던 경우가 많다.
7. 법적 장면에서는 폭력이나 반사회적 성격장애의 진단을 받은 전력이 있다.
8. 치료 상황에서는 보다 건설적인 방식으로 새로움, 흥분, 위험 감수의 욕구를 충족시킬 수 있는 방법을 탐색함으로써 도움이 될 수 있다.

DISC 척도 점수가 낮은 사람들의 특징

1. 자제력이 있고 충동적이지 않다.
2. 신체적으로 위험한 일은 하려 하지 않는다.
3. 지루함을 잘 견딘다.
4. 규칙이나 법을 잘 따른다.
5. 구조화된 치료적 접근에 보다 잘 반응한다.

출처: 이훈진 외 공역(2010). 『MMPI-2 성격 및 정신병리 평가』(제4판), p. 225.

◆ **NEGE: 부정적 정서성/신경증(negative emotionality/neuroticism)**
부정적 정서성과 신경증을 같은 영역에 넣었다. 신경증이라는 말은 사실 정신증이 아닌 모든 상태를 뜻하는 말이다. 우울, 불안뿐만 아니라 신체화, 해리장애 등 정신증과 기능 문제를 제외한 대부분의 장애가 포함된다. 그리고 정신증보다 훨씬 많은 사람이 해당된다. 따라서 여기서 말하는 부정적 정서성은 우울감보다는 더 전반적이고 포괄적인 불편감을 뜻하며, 신경증의 핵심 특성이 불안정성이라는 것을 고려하면 척도 점수가 높을 때 정서 및 대인관계의 불안정성이 높은 것으로 생각하면 된다.

NEGE 척도 점수가 높은 사람들의 특징

1. 부정적인 행동을 경험하는 소인을 갖고 있다.
2. 입력되는 정보 가운데 문제로 발전할 만한 특징에 초점을 맞춘다.
3. 최악의 시나리오를 상상한다.
4. 친구가 극소수이거나 혹은 전혀 없다.
5. 자기 비판적이다.
6. 과도하게 걱정한다.
7. 죄책감을 느낀다.
8. 슬프거나 우울한 감정을 보고한다.
9. 비관주의적이다.
10. 그리 성취 지향적이지 않다.
11. 임상 장면에서라면 자살시도를 했던 전력이 있을 수 있다.
12. 임상 장면에서는 우울증이나 기분부전장애의 진단을 받는 경우가 많다.
13. 매우 불안하다.
14. 신체증상을 보고한다.
15. 불안을 유발하는 방식으로 정보를 처리하는 경향을 찾아서 다루어 주면, 치료로부터 도움을 받을 수 있다.

출처: 이훈진 외 공역(2010). 『MMPI-2 성격 및 정신병리 평가』(제4판), p. 225.

◆ **INTR: 내향성/낮은 긍정적 정서성**(introversion/low positive emotionality)

낮은 긍정적 정서성은 우울증의 핵심 증상 중 하나이다. 그래서 단순히 내향적인 것이 아니라, 내향성의 문제점인 자존감 저하가 동반된다. 2번보다는 9번 척도의 저하와 관련이 있을 수 있다. 낮은 긍정정서는 즐거움을 느끼지 못하는 정도가 높다는 것이다. 불편감을 호소하는 우울증보다 더 심한 우울증이고, 치료하기가 힘들다. 우울하다고 스스로 말하는 사람은 고통감이 크기 때문에 고통감을 제거하고 싶은 욕구가 있다. 그래서 치료에 수용적이다. 그런데 사는 게 재미없다고 하는 사람을 끌어올리기는 정말 힘들다. 욕구가 없기 때문이다.

INTR 척도 점수가 높은 사람들의 특징

1. 기쁨이나 즐거움을 경험할 수 있는 능력이 거의 없다.
2. 사회적으로 내향적이다.
3. 성취에 대한 욕구가 낮다.
4. 슬프거나 울적하고, 우울한 느낌을 보고한다.
5. 신체적 증상을 보고한다.
6. 불안을 자주 느낀다.
7. 미래에 대해 비관적이다.
8. 임상 장면에서라면 우울증의 진단을 받는 경향이 있다.
9. 임상 장면에서는 자살시도의 전력이 있다.
10. 치료에서 거의 정서반응을 보이지 않는 경향이 있다.

INTR 척도 점수가 낮은 사람들의 특징

1. 기쁨과 즐거움을 느낄 수 있는 능력이 있다.
2. 꽤 사교적이다.
3. 에너지가 많다.
4. 점수가 매우 낮은 경우 경조증의 증상을 보일 수 있다.

5. 치료에서 정서적인 반응성이 상당히 높을 가능성이 있다.

출처: 이훈진 외 공역(2010). 『MMPI-2 성격 및 정신병리 평가』(제4판), p. 226.

▶4. 내용 척도 및 내용 소척도

내용 척도를 해석하려면 내용 척도를 구성하는 문항들이 주로 명백문항들로 구성되어 있다는 것을 알아야 한다. 초판에서는 모호문항과 명백문항을 비교 분석해서 해석을 하기도 했다. 우울지표의 모호문항 점수가 높은데 명백문항 점수가 낮으면, 우울함을 드러내고 싶지 않지만 실제로는 우울할 가능성이 높다고 해석하는 것이다. 타당도가 떨어진다는 이유로 2판에서는 이러한 구분도 해석방식도 더 이상 제시하지 않고 있다. 그러나 각 문항들을 살펴보면, 문항의 의도를 바로 파악할 수 있어서 수검자가 의도한다면 쉽게 반대로 표기할 수 있는 '명백문항'이 있고, 문항의 의도를 알기 어려워서 수검자가 의도를 가져도 의사결정을 하기 애매한 '모호문항'이 여전히 존재한다.

그런데 내용 척도들은 명백문항이 많다. 단순하게 비교하면, 임상척도는 명백문항과 모호문항이 섞여 있고, 내용 척도는 명백문항으로 주로 구성되어 있다는 말이다. 예를 들어, 2번 척도는 낮은데 DEP 척도가 높다면, 우울하지는 않지만 본인은 우울하다고 호소하고 있을 가능성이 높다. 왜곡이라고 앞서 해석하기보다는 검사자에게 보여 주고 싶은 자신의 상태가 내용 척도에 반영될 가능성이 높다고 보면 된다. 수검자의 욕구를 반영하는 것이니 검사자가 이를 빨리 파악할 수 있어서 라포 형성에 도움이 된다.

◆ ANX: 불안(anxiety)

불안은 공포와 비교해서 생각하는 게 좋다. 일단 불안과 공포는 모두 교감신경계 활성화에 따른 상당한 긴장과 걱정이 수반된다는 공통점이 있다. 차이점을 나열해 보자면, 우선 불안은 눈앞에 대상이 없고, 공포는 눈앞에 대상이 있다. 불안은 대상이 애매하고, 공포는 그 대상이 분명하다. 불안은 미래에 대한 것이고, 공포는 현재의 고통감이다. 불안은 어느 정도 타고나는 경향이 있고, 공포는 경험에 의해서 학습되는 면이 강하다. 여기서의 불안은 전반적인 불안 수준으로 보면 된다. 스스로 긴장하고 걱정하는 경향이 강하다고 생각하면 점수가 상승할 것이다.

ANX 척도 점수가 높은 사람들의 특징

1. 불안하고, 신경이 예민해져 있고, 걱정이 많고, 염려한다.
2. 주의집중에 어려움이 있다.
3. 수면 문제를 호소한다.
4. 의사결정이 어렵다.
5. 강박증상을 보고할 수 있다.
6. 신체증상을 호소할 수 있다.
7. 슬픔, 우울을 보고할 수 있다.
8. 자살 생각을 하기도 한다.
9. 인생살이가 힘들다고 느끼며, 모든 게 더 나아지리라는 점에 대해 비관적이다.

10. 무망감을 느낀다.

11. 불안정감을 느끼고 자기확신이 부족하다.

12. 일상의 책임에 압도된다고 느낀다.

13. 임상 장면에서 자주 불안장애 진단을 받는다.

출처: 이훈진 외 공역(2010). 『MMPI-2 성격 및 정신병리 평가』(제4판), p. 186.

◆ FRS: 공포(fears)

　공포가 주로 학습에 의해서 생성되긴 하지만, 공포증이 생기는 기저에는 불안에 대한 취약성이 존재한다. 그리고 내용 척도는 수검자의 의도가 드러나기 쉽다. 스스로 불안 수준이 높지 않다고 생각하지만 불안 수준이 높을 때 ANX는 낮지만 FRS가 상승할 수 있다. FRS가 상승하는 사람들은 다른 건 괜찮은데 특정 대상만 불편하다고 말하는 것이다. 그러나 어쨌든 긴장할 만한 대상이 있다는 것은 평소에는 조절이 될지언정 기본적으로는 불안 수준이 높기 때문이다. 그래서 FRS가 상승하면 기본적으로 불안 수준이 높다고 보면 된다.

　이들은 지나친 경쟁을 하지 않는다. 공포심은 역동적으로 다른 대상에 대한 두려움이 투사되었을 가능성이 있다. 진짜 무서운 대상을 무섭다고 말할 수 있는 용기조차 없는 것이다. 따라서 공포가 클수록 자존감이 낮다. 거미를 무서워한다는 말은 거미에 대항할 수 없다고 생각하는 것이다. 사실 거미는 생활에 거의 지장을 주지 않는다. 거미보다는 실제 생활에서 두려움을 느끼지만 말하지 못할 만한 대상이 있을 가능성이 높다. 경쟁은 내가 뭔가를 해서 언젠가는 이길 수 있다고 생각할 때 하는 것이다. 언젠가는 이길 수 있다는 생각을 하지 못하면 경쟁을 할 수가 없다. 사람들이 흔히 공포 자극으로 지각하지 않을 정도의 자극에 공포를 느끼는 사람은 자존감이 매우 낮은 상태로, 다른 영역에서도 자기가 이긴다는 생각을 하기 어려우니 경쟁이 심한 상황에서 뒤로 빠질 가능성이 높다.

FRS 척도 점수가 높은 사람들의 특징

1. 두렵고 불안한 경우가 많다.
2. 다양한 두려움이나 공포를 보고한다.
3. 지나친 경쟁을 보이지 않는다.

출처: 이훈진 외 공역(2010). 『MMPI-2 성격 및 정신병리 평가』(제4판), p. 187.

☑ 소척도

FRS1(일반화된 공포): 전반적인 공포감
FRS2(특정 공포): 특정 대상에 대한 공포감

◆ OBS: 강박(obsessiveness)

강박 사고나 강박 행동에 대한 본인의 인식과 호소 정도를 나타낸다.

OBS 척도 점수가 높은 사람들의 특징

1. 결정을 내리는 데 상당한 어려움이 있다.
2. 완고하고 변화를 싫어한다.
3. 초조해하고 걱정하며, 사소한 일도 반추한다.
4. 우울, 슬픔 및 낙담을 느낄 수 있다.

5. 자신감이 부족하다.

6. 무망감을 느끼는 경향이 있다.

7. 흔히 수면장애를 호소한다.

8. 강박증상을 보고한다.

9. 흥미가 부족하다.

출처: 이훈진 외 공역(2010).『MMPI-2 성격 및 정신병리 평가』(제4판), p. 187.

◆ DEP: 우울(depression)

　우울감에 대한 본인의 인식과 호소 정도를 나타낸다. 게다가 소
척도에서 상승 요인을 살펴볼 수 있게 되어 있어서 우울증의 원인
을 세세하게 분석할 수도 있다.

DEP 척도 점수가 높은 사람들의 특징

1. 우울하고 슬퍼하고 울적해하거나 낙담한다.

2. 피로감을 느끼며 흥미가 부족하다.

3. 염세적이며 무망감을 느낀다.

4. 최근 죽음 및 자살에 대한 생각에 빠져 있고, 자살을 시도한 적이 있을 수
   있다.

5. 쉽게 운다.

6. 우유부단하고 자신감이 부족하다.

7. 인생살이가 힘들다고 느낀다.

8. 죄책감, 실패감을 느낀다.

9. 그다지 성취 지향적이지 않다.

10. 건강을 염려한다.

11. 흔히 수면장애를 호소한다.

12. 외로움과 공허감을 느낄 때가 많다.

13. 정서적으로 위축되어 있다.

14. 친구가 거의 없거나 전혀 없다.

15. 대인관계에서 지나치게 민감하다.

16. 사람을 사귀는 데 어려움이 있다.

17. 임상 장면에서 자주 우울장애로 진단받는다.

출처: 이훈진 외 공역(2010). 『MMPI-2 성격 및 정신병리 평가』(제4판), p. 187.

▼ 소척도

DEP1(동기 결여): 흥미의 저하와 관련된 증상

DEP2(기분부전): 경도의 우울증이 오래 지속된 상태

DEP3(자기비하): 낮은 자존감

DEP4(자살 사고): 자살 사고, 계획, 시도의 가능성

◆ HEA: 건강염려(health concerns)

기본적인 건강염려 및 신체화에 대한 본인의 인식과 호소를 나타낸다.

HEA 척도 점수가 높은 사람들의 특징

1. 신체적으로 건강하다는 것을 부인한다.

2. 신체 기능에 집착한다.

3. 스트레스가 생기면 신체증상이 나타날 수 있다.

4. 지쳐 버린 느낌이며 기운이 모자란다.

5. 구체적으로 다양한 신체증상을 호소하는데, 신경학적 장애를 시사할 수도 있는 일부 증상도 포함된다.

6. 어려운 일들이 생기는 경우 잘 대처하지 못한다.

7. 불안해하고 압도감을 느낀다.

8. 슬프고 우울하며, 비관적인 느낌을 호소할 수 있다.

9. 흔히 수면장애를 호소한다.

10. 임상 장면에서 자주 우울장애로 진단받는다.

출처: 이훈진 외 공역(2010). 『MMPI-2 성격 및 정신병리 평가』(제4판), p. 188.

✔ 소척도

HEA1(소화기 증상): 위장관 계열의 문제

HEA2(신경학적 증상): 교감신경계 활성화(흥분), 미주신경성 실신(마비) 등

HEA3(일반적인 건강염려): 건강 관련 걱정

◆ BIZ: 기태적 정신상태(bizarre mentation)

특이하고 괴상한 증상에 대한 본인의 인식과 호소를 나타낸다. '기태적'이라는 단어는 bizarre라는 생소한 영어 단어를 번역하다 보니 나온 것이고, 편하게 말하면 '기괴하고 괴상한 정신상태'를 뜻한다. 영어에서는 비슷하지만 다른 단어로 그 심각도를 나누는 경우들이 많은데, eccentric은 현실적 판단은 할 수 있지만 특이한 사고를 하는 것을 나타내고, bizarre는 병적인 특이함을 나타낸다. 좀 더 일상적인 단어로는 기괴하다는 말에 더 가까운데, 기태적이라고 멋있게 번역한 듯하다. 주의해야 할 것은 명백문항이 많다는 것이다. 조현병이 이제 시작된 사람들은 방어적인 성향이 강해서 인정하지 않을 것이고, 부정왜곡하는 사람은 점수가 올라가기 쉽다.

BIZ 척도 점수가 높은 사람들의 특징

1. 정신병적 사고를 할 수 있다.
2. 이상한 사고 내용을 보고할 수 있다.
3. 환청, 환치 혹은 환후를 호소할 수 있다.
4. 비현실감을 호소한다.
5. 정신적 혼란에 있을 수 있다.
6. 사람들이 자신에 대해 나쁘게 이야기하는 것 같다고 느낀다.
7. 의심하는 경향이 있다.
8. 사람들이 자신을 해치려 한다고 믿을 수 있다.
9. 사람들이 자신의 마음을 읽거나 자신의 생각이나 행동을 조종할 수 있다고 믿기도 한다.
10. 정동이 둔감하다.
11. 친구가 거의 없거나 친구가 없다고 보고하는 경우가 흔히 있다.
12. 자살시도를 한 과거력이 있을 수 있다.
13. 물질남용 과거력이 있을 수 있다.
14. 성적으로 학대받았던 과거력이 있을 수 있다.
15. 성취 지향적인 면이 약하다.
16. 임상 장면에서 자주 정신병으로 진단받는다.

출처: 이훈진 외 공역(2010). 『MMPI-2 성격 및 정신병리 평가』(제4판), p. 189.

☑ 소척도

BIZ1(정신증적 증상): 망상, 환각, 와해된 행동 등 정신증적 증상에 대한 호소
BIZ2(조현형 성격 특성): 마술적 사고, 관계 사고 등 유사 정신증적 증상 및 특이한 언행

◆ ANG: 분노(anger)

분노감에 대한 본인의 인식과 호소를 나타낸다.

ANG 척도 점수가 높은 사람들의 특징

1. 분노나 적대감을 느끼는 경우가 많다.
2. 다른 사람들이 보기에 짜증스럽고, 부루퉁해 있고, 조급하며, 고집스럽다.
3. 공격적이고 비판적이며 논쟁적이다.
4. 욕설을 퍼붓거나 뭔가를 때려 부수고 싶을 수 있다.
5. 울화통을 터뜨린다.
6. 자제력을 잃고 신체적인 폭력을 가할 수 있다.
7. 충동적이며 좌절을 견디는 힘이 약하다.
8. 부당하게 취급받는다고 느낀다.
9. 비판에 매우 민감하다.
10. 종종 대인관계에 문제가 있다.
11. 신체적으로 학대받았던 과거력이 있을 수 있다.
12. 슬프고 우울하며, 희망이 없다고 호소할 수 있다.

출처: 이훈진 외 공역(2010). 『MMPI-2 성격 및 정신병리 평가』(제4판), p. 190.

 소척도

ANG1(폭발적 행동): 충동적인 감정 표출 및 공격 행동 가능성
ANG2(성마름): 참을성이 없고 조급하여 쉽게 공격적인 감정을 드러냄

◆ **CYN: 냉소적 태도(cynicism)**

냉소는 개념적으로는 매우 흥미로운 증상이다. 다음에 제시한 CYN 척도 점수가 높은 사람들의 특징을 보면 '성취 지향적인 면이 약하다'라는 내용이 있는데, 이를 이해하려면 냉소라는 개념을 좀 더 깊이 있게 생각해 볼 필요가 있다. 주변에서 보면 능력 있는 사람들이 냉소적일 때가 종종 있다. 그런데 자세히 보면 냉소적인 사람들은 자신이 할 수 있는 것보다 낮은 기능을 보이는 경우

가 많다. 냉소적인 사람은 불만이 많다. 같은 시간에 불만을 생각하는 데 시간을 더 많이 사용하니, 자기가 성취를 위해 해야 할 일을 생각하는 시간은 줄어들 수밖에 없다.

한때 유행했던 '츤데레'의 핵심 특성이 냉소이다. 드라마 〈응답하라 1988〉에서 '어남류'라는 유행어를 낳았던 류준열 배우가 극 중에서 한 행동을 보자. 상대에게 핀잔을 주거나 무안을 주고 상대의 욕구를 꺾어 버린다. 그런데 여기서 그냥 멈추지 않는다. 그 다음에는 꼭 상대의 핵심 욕구를 충족시키는 행동을 한다. 실제로 하진 못하더라도 그러고 싶은 마음이 있다. 말을 툭툭 뱉고, 공격적으로 말하는데 츤데레를 매력적으로 보게 되는 이유이다. 더 과거에 유행했던 '나쁜 남자'의 매력과도 같다. 여자는 나쁜 남자가 나쁜 행동을 할 때 그 생소함에 매력을 느끼고, 나쁜 행동을 멈추는 순간 그 매력은 극대화된다.

왜 냉소가 이렇게 매력적일까? 남의 말을 들을 때 처음에는 안 듣는 척 무시해 놓고 나중에 공감 멘트를 툭 던지고 간다. 냉소의 기능을 봐야 한다. 냉소의 기능은 공격 행동을 통해서 타인의 관심을 끄는 것이다. 하는 건 공격인데 공격을 하는 이유가 관심을 끌기 위한 것이다. 냉소적인 사람들은 생일 파티를 왜 하는지 모르겠다고 비꼬는 말을 하고는 생일 파티에 제일 먼저 간다. 공격과 관심 끌기를 모두 하지만, 핵심은 공격이 아니라 관심 끌기이다. 그런데 이렇게 어렵게 관심 끌기를 하는 이유는 상처가 있기 때문이다. 그래서 극 중에서 마음씨 착한 여주인공들의 연민을 자극하고, 돕고 싶은 마음이 들게 한다.

다만 상대를 챙겨 줄 마음이 있으면서도 능력이 없으면 문제가 된다. 공격 행동을 통해서 관심을 끄니까 상대는 공격을 받은 것인데, 공격받아 상처받은 마음을 회복시킬 기술이 부족하면 불편감만 불러일으키고 원하던 관심은 받지 못하는 최악의 상황이 발생한다. 냉소적이지만 자기 할 일을 하는 류준열은 연인을 얻을 수 있지만, 자기 할 일을 안 하는 대부분의 수검자는 이도 저도 안 되어서 괴로운 사람들이다.

CYN 척도 점수가 높은 사람들의 특징

1. 사람들은 정직하지 못하고 이기적이며 배려심이 없다고 본다.
2. 타인의 동기를 의심한다.
3. 대인관계에서 경계하고 믿지 못한다.
4. 적대적이고 거만할 수 있다.
5. 자신은 요구적이면서도 다른 사람들이 자신에게 아주 작은 요구라도 해 오면 분개할 수 있다.
6. 호의를 베풀지 않고 도움을 주지 않는다.
7. 성취 지향적인 면이 약하다.
8. 편집증적인 생각이 있을 수 있다.
9. 신체적으로 학대받았던 과거력이 있을 수 있다.

출처: 이훈진 외 공역(2010). 『MMPI-2 성격 및 정신병리 평가』(제4판), p. 191.

✔ 소척도

CYN1(염세적 신념): 평소에 주로 부정적 결과를 예상함
CYN2(대인 의심): 대인관계 시에 주로 타인이 자신에게 비판적일 것이라 예상함

◆ **ASP: 반사회적 특성(antisocial practices)**

공격성에 대한 본인의 인식과 호소를 나타낸다. 따라서 숨기고 싶다면 높게 상승하지 않을 수도 있다. 소척도에서 태도와 행동을 나눠서 보고 있어 이를 구분해서 볼 수 있다. 태도와 행동을 구분하는 기준은 겉으로 공격적이고 반항적인 모습이 드러나는지 여부이다. 둘 다 높거나 낮으면 해석에 어려움이 없겠다. 반사회적 행동이 높은데 반사회적 태도가 낮으면 공격적이고 반항적인 모습을 있는 그대로 표현하는 사람일 수 있겠다. 반대로 반사회적 태도가 높은데 반사회적 행동이 낮으면 불만은 있어도 드러내서 표현하지 않는 사람일 것이다. 다만 이 경우에 불만은 있는 것이기 때문에 오랜 기간 쌓여 있다가 가끔 한 번씩 폭발적으로 화를 낼 수도 있다.

ASP 척도 점수가 높은 사람들의 특징

1. 학교에서 말썽을 일으키거나 혹은 법적인 문제를 일으킨 적이 있는 것 같다.
2. 법을 어기지 않는 선에서 슬쩍 피해 다니는 것도 나쁘지 않다고 믿는다.
3. 범죄자들의 괴담을 듣는 것을 즐긴다.
4. 다른 사람들은 이기적이고 정직하지 못하다고 보면서, 전반적으로 타인에 대해 냉소적인 태도를 취한다.
5. 권위에 대해 분개한다.
6. 자신이 겪는 어려움에 대해 다른 사람을 탓한다.
7. 속임수를 써서 조종하려 한다.
8. 냉담하다.
9. 자기중심적이다.
10. 세상은 정직하지 못하고, 신뢰가 가지 않으며 믿을 만하지 않다고 본다.
11. 물질남용 문제가 있을 수 있다.

12. 공격적이고, 화를 내며, 격분한다.

13. 충동적이다.

14. 임상 장면에서 자주 반사회적 성격장애로 진단받는다.

출처: 이훈진 외 공역(2010). 『MMPI-2 성격 및 정신병리 평가』(제4판), p. 191.

▼ 소척도

ASP1(반사회적 태도): 공격적이고 반항적인 모습이 겉으로는 잘 드러나지 않음

ASP2(반사회적 행동): 공격적이고 반항적인 모습이 겉으로는 잘 드러남

◆ TPA: A유형 행동(type A)

먼저 A유형 행동이 무엇인지 이해를 해야 한다. 예전에 어떤 신경과 의사가 있었는데, 환자가 앉는 의자가 망가져서 수리공에게 맡겼다. 그런데 수리공이 하는 말이 보통 의자들과는 달리 의자 바닥의 앞부분이 많이 닳아 있다는 것이었다. 그 얘기를 듣고 나서 의사가 사람들을 보니까 다들 의자 끄트머리에 앉아서 진료를 받는다는 것을 알게 되었다. 의사를 만나러 와서 편하게 앉지 못하고 끝에 앉아서 긴장하고 듣고 있는 것이다. 그래서 혈관성 뇌질환 문제가 있는 사람들이 비슷한 성격을 공유하고 있다는 것을 알게 되었고, 이 성격을 'A유형 성격'이라고 부른다. 이들의 성향을 반영하는 척도가 TPA이다.

이들은 쉽게 말해서 일중독자들이다. 정력적이고 일 지향적이다. 일이 끝날 때까지 전진한다. 그런데 성취에 너무 매달려 있다 보니, 기다리거나 방해받는 것을 싫어한다. 그래서 세상에 대해 적대적이 된다. 자신의 성취를 방해하는 것으로 여기기 때문이다. 내가 지금 정말 많은 노력을 하고 있다고 생각해서 정당성이

생기기 때문에 그렇다. 이들은 직장에서 소위 낙하산을 너무 싫어한다. 편집적인 사람들과는 조금 다른 의미로 싫어하는데, 편집증은 자신의 낮은 자존감을 자극하니 싫어하는 것이고, 이들은 자신의 노력에 대한 보상을 못 받으니 싫어하는 것이다.

  짜증을 잘 부리고 쉽게 화를 낸다. 모든 게 계획대로 되어야 하는데 그렇지 않으면 화를 낸다. 휴식이나 여가를 다 포기하고 했기 때문이다. 그리고 타인에게 거만하고 비판적이다. 자신이 열심히 살고 도달해야 하는 성취에만 관심이 있고 자신이 하는 것만 옳다고 생각하기 때문이다. 편집적인 생각을 하는 경우도 많은데, 이때 의심의 대상은 자기보다 나은 상대의 성취에 대한 불공정성에 대한 것이다. 이들이 원한을 품는 대상은 주로 낙하산이거나 자신의 업무를 방해한다고 생각되는 사람들이다. 그런데 이러한 원한은 자기 혼자서만 제대로 행동한다는 생각에 기인한 것이기 때문에 분노의 감정을 너무 자주 경험하게 되고 교감신경계 흥분 상태가 지속되는 경우가 많아서 심혈관 계통에 문제가 생기기 쉽다. 매사에 신경을 곤두세워서 일하니 몸이 얼마나 힘들까. 심장이 펌프질을 엄청 할 것이다. 한때 우리나라 드라마에 자주 나오던 장면이 있다. 자수성가한 사업가인 아빠가 곱게 키운 딸이 돈도 잘 벌지 못하는 남자와 사귄다고 하면 "야, 이놈의 자식아!"라고 소리를 지르면서 뒷목을 잡고 쓰러진다. 과도 성장기의 우리나라 가정에서 가장인 남성을 대표하는 이미지이다.

TPA 척도 점수가 높은 사람들의 특징

1. 정력적이고 민첩하며 일 지향적이다.

2. 일이 끝날 때까지 계속 서두른다.

3. 기다리거나 방해받기를 싫어한다.

4. 자주 적대적이고 짜증을 부리며, 쉽게 성낸다.

5. 대인관계에서 거만하고 비판적인 경향이 있다.

6. 원한을 품는 경향이 있으며 앙갚음하고자 한다.

7. 심혈관계 문제가 일어날 확률이 높다.

8. 임상 장면에서 편집적인 생각을 보일 수 있다.

출처: 이훈진 외 공역(2010). 『MMPI-2 성격 및 정신병리 평가』(제4판), p. 192.

▼ 소척도

TPA1(조급함): 미결정 상태를 두지 못하고 뭐든지 빨리 결정하려 함

TPA2(경쟁 욕구): 경쟁에서 이기려고 해서 항상 주변 사람들을 이겨야 할 상대자로 인식하며 공격적인 태도를 취함

◆ LSE: 낮은 자존감(low self-esteem)

자존감이 떨어지는 것은 심리적으로는 만병의 근원이다. 일이 생각대로 안 되어서 떨어지기도 하지만, 자존감은 어린 시절의 성취 경험이 쌓여서 형성되는 것이다. 의사는 사회에서 가장 성공한 집단이라고 할 수 있겠지만, 할아버지, 아빠, 사촌들 다 의사인 집안이라면 얘기가 달라진다. 비교집단의 수준이 너무 높다 보니 그중에서도 학벌이 낮으면 자존감이 떨어진다. 집단 내 비교에서의 상대적 열등감 때문이다. 이들은 충분히 열심히 살고 있으면서도 인정을 받기 위해 더 노력한다. 열심히 하는 사람들에게는 기본적으로 인정받으려고 하는 욕구가 있다. 그런데 〈생활의 달인〉이라는 TV 프로그램을 보면 식당에서 접시를 날라도 행복하

게 사는 사람들도 있다. 자존감은 상대적인 것이다. 그리고 성장기 부모와의 관계를 통해 형성된다. 그래서 자존감은 현재의 객관적 성취와 직결되지 않는다. 반에서 1등이지만 친척들 중에서 자신이 가장 하위권 대학에 가면 기본적으로 자존감이 낮은 상태에서 행동하는 모습들이 관찰된다. 하물며 객관적으로 능력이 부족한 사람은 더 할 것이다.

이들은 다른 사람들에게 쉽게 영향을 받고, 수동적이며 복종적이다. 그런데 이러한 모습도 실제 생활에서는 상대적으로 나타난다. 자기보다 강해 보이는 사람에게는 수동적이고 복종적이지만, 자기보다 약한 사람에게는 복종적이지 않고, 오히려 반동형성이 일어나서 과도하게 강한 모습을 보이기 쉽다. 그런데 이 수동과 복종은 결과적으로 보이는 행동이다. 자존감이 낮아서 의사결정에 있어서 자기주장을 할 수가 없고, 그러니 결정은 남들이 주로 하게 되는 상황을 결과적으로 나타내는 표현들이다. 우리나라 드라마에서 이런 장면이 자주 나온다. 비서가 회장 앞에서는 신발까지 닦아 주면서, 회장이 없는 곳에서는 다른 사람들에게 상당히 강압적인 행동을 한다. 수동적이고 복종적인 사람도 자존감이 낮은 사람이지만, 과도하게 강압적이고 권위적인 사람도 자존감이 낮을 가능성이 높다.

LSE 척도 점수가 높은 사람들의 특징

1. 자신이 아주 보잘것없다고 생각한다.
2. 실패하리라 보고 쉽게 포기한다.
3. 부적절감을 느낀다.

4. 자신에게 불리한 방향으로 타인과 비교한다.

5. 비판과 거절에 지나치게 민감하다.

6. 칭찬을 받아들이는 것이 힘들다.

7. 대인관계에서 소극적이다.

8. 의사결정이 힘들다.

9. 걱정과 두려움이 많을 수 있다.

출처: 이훈진 외 공역(2010). 『MMPI-2 성격 및 정신병리 평가』(제4판), p. 193.

☑ 소척도

LSE1(자기 회의): 자존감이 낮아 자신의 결정을 후회하기 쉬움

LSE2(순종성): 자존감이 낮아 의사결정을 할 때 타인의 결정에 따르기 쉬움

◆ SOD: 사회적 불편감(social discomfort)

사회적 상황에서 불편하다는 것은 대인관계 불편감을 뜻한다. 그리고 대인관계 상황에서 스트레스가 커진다는 건 사회기술이 부족하다는 말이다. 사회기술이 부족하니 사람들이 자신을 쳐다볼 때 기본적으로 부정적 평가를 예상하게 되고, 대인관계를 피하게 된다. 난 어렸을 때는 발표를 참 힘들어했는데, 요즘은 심지어 사람들과 눈 맞춤까지 하면서 강의를 한다. 자신감이 생겼다는 말이다. 물론 요즘도 사회적 상황에서는 자신감이 여전히 부족하다. 사회기술은 나이를 먹는다고 마구 늘어나는 건 아닌 것 같다.

SOD 척도 점수가 높은 사람들의 특징

1. 수줍어하고 내향적이다.

2. 사회적인 장면에서 어색해한다.

3. 사람들 틈에 있는 것보다 혼자 있는 편이다.

4. 사교모임과 다른 집단활동을 싫어한다.

5. 대화 시 먼저 말을 꺼내지 않는다.

6. 흥미 범위가 좁다.

7. 흔히 초조하고 불안하다.

8. 자주 수면장애를 호소한다.

9. 건강 및 질병에 대한 생각에 빠져 있을 수 있다.

10. 우울감과 무망감을 호소할 수 있다.

11. 대인관계에서 지나치게 민감하다.

12. 활력 수준이 낮다.

13. 정서적으로 위축되어 있을 수 있다.

14. 임상 장면에서 자주 우울장애로 진단받는다.

출처: 이훈진 외 공역(2010). 『MMPI-2 성격 및 정신병리 평가』(제4판), p. 193.

✔ 소척도

SOD1(내향성): 좁은 의미의 내향성

SOD2(수줍음): 수줍다는 말은 병리적으로 해석하면 과거 여성의 수동성을 미화시킨 표현이다. MMPI는 병리적 해석을 우선해야 한다는 맥락에서 보면, 수줍음은 사회적 상황에서 자존감이 낮다는 것을 의미한다.

◆ FAM: 가정 문제(family problems)

가정 환경을 얼마나 부정적인 문제 상황으로 보는지에 대한 본인의 인식과 호소를 나타낸다. 가정 문제가 있어도 척도가 상승하지 않을 수는 있지만, 척도가 상승한다면 가정 문제가 있는 것은 확실하다.

FAM 척도 점수가 높은 사람들의 특징

1. 현재 가족 혹은 원가족 간에 상당한 불화가 있다고 말한다.
2. 자신의 가족은 사랑, 이해 및 지지가 부족하다고 말한다.
3. 가족이 요구나 충고를 하면 분개한다.
4. 가족들에게 화가 나도 적대감을 느낀다.
5. 부부관계가 행복하지 않고 애정이 부족하게 느껴진다.
6. 종종 살면서 부당한 대우를 받고 있다고 느낀다.
7. 우울감과 무망감을 호소할 수 있다.
8. 임상 장면에서 자주 우울장애로 진단받는다.

출처: 이훈진 외 공역(2010). 『MMPI-2 성격 및 정신병리 평가』(제4판), p. 194.

 소척도

FAM1(가정 불화): 가정 내 심한 갈등 상황

FAM2(가족 내 소외): 가족들과의 거리감

◆ WRK: 직업적 곤란(work interference)

자신의 직업적 상황을 얼마나 부정적인 문제 상황으로 보는지에 대한 본인의 인식과 호소를 나타낸다.

WRK 척도 점수가 높은 사람들의 특징

1. 직무수행을 어렵게 하는 다양한 태도와 행동 문제를 보고한다.
2. 자신의 직업 선택에 대해 회의를 느끼고 있을 수 있다.
3. 가족들이 자신이 택한 직업을 인정해 주지 않는다고 말한다.
4. 야심이 없고 활력이 부족하다.
5. 직장동료에 대해 부정적인 태도를 보인다.
6. 종종 스트레스에 짓눌려 대처할 수 없다고 느낀다.

7. 불안정감을 느낀다.

8. 흔히 실패한 기분이 든다.

9. 자신이 보잘것없다고 생각한다.

10. 강박적인 생각이 들며, 정신을 집중하기가 어렵다.

11. 의사결정에 어려움이 있으며 판단력이 부족해 보일 수 있다.

12. 불안하고, 긴장되어 있고, 걱정이 많으며, 두려워한다.

13. 우울, 슬픔 및 무망감을 느낀다.

14. 자살 생각이 있을 수 있다.

15. 활력 수준이 낮다.

16. 성취 지향적인 면이 약하다.

17. 흔히 신체증상을 호소한다.

18. 수면장애를 호소하기도 한다.

19. 임상 장면에서 자주 우울장애로 진단받는다.

출처: 이훈진 외 공역(2010). 『MMPI-2 성격 및 정신병리 평가』(제4판), p. 194.

◆ **TRT: 부정적 치료 지표(negative treatment indicators)**

생각보다 정보가 많은 척도이다. 치료에 부정적이면 척도가 상
승한다. 이들은 기본적으로 사회를 바라보는 시각이 비관적이고
불신감이 높은 사람들이다. 정신과나 상담센터만 불신하는 게 아
니라 사회에서 권위를 가지는 모든 대상을 불신한다. 상담센터에
와서 상담자를 믿지 않고, 병원에 가서 의사를 믿지 않는 사람이
어디서 무엇을 믿을 수 있겠는가? 이런 사람들이 자주 하는 말이
있다. "상담하면 좋아져요?" 당연히 가져야 할 궁금중이기도 하지
만, 말로 표현하는 경우는 드물다. 권위를 인정하지 않기 때문에
할 수 있는 말이다. "말 몇 마디 하고 돈 벌려고 하는 거 아냐?"라

고 하면서 상대의 권위를 폄하시킨다. 초점이 자신의 문제해결에 있지 않고, 상대의 능력을 불신하는 자신의 신념을 확인하는 데 있다. 초점이 자신의 고통감에 있는 사람들은 그런 의심을 하지 않는다. 아니 그럴 여유가 없다.

어느 정도 능력이 있다고 생각하는 사람들이 이 척도가 상승하는 경우가 많다. 주로 활동하는 환경 안에서 나름대로 영향력이 있는 것이다. 육체 노동을 해도 자기 기술이 확실해서 윗사람들도 함부로 못하는 사람들이다. 이들은 상담에 오는데도 시간이 많이 걸리고, 좋아지기도 쉽지 않다. 외부 환경에 대한 불신으로 확고한 자기 세계를 만들어 지내는 데 익숙하기 때문에 외부 환경과 교류하기까지 시간이 많이 걸린다. 그 근원이 불신이기 때문에 치료는 신뢰를 주는 것에서 시작해야 한다. 불신감이 있고 세상을 믿지 못한다는 건 상처를 받았다는 말이다. 그 고통에 초점을 맞추고 지지해야 한다. 이들은 비판적인 말로 상처를 숨기기 때문에 상담자도 기분이 상해서 역전이가 일어나기 쉽다. 상담할 때부터 거부적인 모습을 보이는 경우도 있지만, 상담할 때는 순응적이었다가 상담이 끝나면 상담에 대해서 부정적인 모습을 보이는 등 완전히 다른 사람이 되는 경우가 있으니 주의가 필요하다.

TRT 척도 점수가 높은 사람들의 특징

1. 의사나 정신건강 치료에 대해 부정적인 태도를 보인다.
2. 치료 시 조기종결을 하기도 한다.
3. 어느 누구도 자신을 이해할 수 없다고 느낀다.
4. 누구와도 자신의 문제를 나눌 수 없다고 믿는다.

5. 문제에 부딪힐 때 쉽게 포기한다.

6. 삶에서 중요한 변화를 이끌어 낼 수 없다고 느낀다.

7. 강한 정서적 고통감을 경험하고 있다.

8. 흔히 수면장애를 호소한다.

9. 자주 신체증상을 보고한다.

10. 우울, 슬픔 및 무망감을 느낀다.

11. 자살 생각이 있을 수 있다.

12. 활력 수준이 낮다.

13. 종종 불안하고 불안정감을 느낀다.

14. 문제해결에 취약하다.

15. 흔히 판단력이 부족한 모습을 보인다.

출처: 이훈진 외 공역(2010). 『MMPI-2 성격 및 정신병리 평가』(제4판), p. 195.

✔ 소척도

TRT1(낮은 동기): 심리적 개선에 대한 의지 부족

TRT2(낮은 자기개방): 자기 개방에 대한 의지 부족

● 5. 보충 척도

　보충 척도는 임상척도(임상 소척도), 재구성 임상척도, 성격병리 5요인 척도, 내용 척도(내용 소척도)까지 해도 부족한 부분을 말 그대로 보충하기 위해서 만든 척도이다. 그런데 상담 현장에서는 이 보충 척도의 쓸모가 정말 많다. 긍정왜곡을 하면 앞에서 언급한 네 가지 주요 척도군들에서 거의 상승을 보이지 않는 경우들이 있는데, 보충 척도에서는 무조건 상승하는 척도가 나오게 되어 있

다. 이는 해석상담을 건조하지 않게 하는 가뭄에 단비 같은 역할을 하기도 하지만, 실제로도 병리적인 부분만 보면서 놓칠 수 있는 심리적 특성을 찾아 주기 때문에 도움이 많이 된다. 앞의 네 가지 주요 척도군 중에서 상승한 척도가 나온다면 굳이 보충 척도에 관심을 가질 필요는 없지만, 그렇지 않다면 보충 척도는 잘 드러나지 않는 수검자의 핵심 특성을 잡아내는 귀한 자료가 될 것이다.

◆ A: 불안(anxiety)

말 그대로 불안 수준이 높다는 말이다. 불안에 대해서는 7번 척도에서 언급한 내용을 참고하면 된다.

A 척도 점수가 높은 사람들의 특징

1. 전반적으로 부적응적이다.
2. 불안하고 마음이 편치 않다.
3. 우울하다.
4. 신체증상을 호소한다.
5. 개인적인 생활리듬이 느리다.
6. 자살 생각이 있음을 인정한다.
7. 비관적이다.
8. 냉담하고 감정에 치우치지 않으며, 잘 흥분하지 않는다.
9. 수줍어하고 내향적이다.
10. 능력에 대한 자신감이 부족하다.
11. 주저하고 머뭇거린다.
12. 억제되어 있고 과잉통제한다.
13. 이런저런 사소한 느낌에 휘둘린다.
14. 방어적이다.

15. 합리화하고, 어려운 일이 생기면 남을 탓한다.

16. 사회적 장면에서 안정감이 부족하다.

17. 권위에 순응하고 과도하게 수용한다.

18. 복종적이고 고분고분하며 피암시적이다.

19. 조심스럽다.

20. 까다롭다.

21. 남자라면, 연약해 보이는 경향이 있는 행동을 한다.

22. 냉정하고 거리감을 유지하며 무관심해 보인다.

23. 스트레스가 생기면 혼란스러워하고 마음이 흐트러지며 부적응적이 된다.

24. 정신건강 문제로 입원 치료한 과거력이 있다.

25. 심리치료를 통해 변화를 경험하고 싶을 정도로 심리적 불편감이 크다.

출처: 이훈진 외 공역(2010). 『MMPI-2 성격 및 정신병리 평가』(제4판), p. 234.

◆ R: 억압(repression)

이 척도가 상승하는 사람들은 어려서부터 착하고 바르게 커 온 사람들이다. 아마 지금 이 책을 보고 있는 사람들도 억압이 상승하는 경우가 많을 것이다. 욕구는 기본적으로 억압하고 누를 수 있어야 한다. 어느 정도는 참을 수 있어야 한다는 말이다. 그런데 점수가 너무 높다면 매사에 신중하고 조심스럽기 때문에 참는 게 많아지고, 너무 참으면 나중에 터지게 된다. 그래서 착하고 순한 사람이 가끔 한 번씩 크게 화내는 것은 상담하면서 흔히 볼 수 있는 일이다. 억압을 하는 사람은 언젠가는 터지게 되어 있다. 우리 세대는 억압을 더 많이 했고, 다 같이 해서 할 만했다. 요즘 애들은 억압을 안 하는 세대이기 때문에 빨리 터진다. 난 초등학교부터 고등학교까지 12년 개근을 했고, 대학 때도 어리버리했던 1학년을 제외하면 군대 다녀온 이후 3년은 거의 빠짐없이 출석을 했다. 그런데 내 딸과 아들은 나름 성실한 편인데도 초등학교와 중학교에서 여러 가지 이유로 이미 결석일 수가 상당하다. 아이가 나보다 못 견디는 게 아니고 시대가 바뀌어서 그런 것이다. 요즘 아이들이 못 참는다기보다는 예전처럼 참아야 할 시대가 아니라고 보는 게 맞는 것 같다.

R 척도 점수가 높은 사람들의 특징

1. 수동적이고 복종적이다.
2. 쉽게 흥분하지 않는다.
3. 관습적이고 의례적이다.
4. 느리고 공들여 일한다.
5. 정신운동 지체를 보일 수 있다.
6. 내향적이다.
7. 신체증상을 호소한다.

출처: 이훈진 외 공역(2010). 『MMPI-2 성격 및 정신병리 평가』(제4판), p. 236.

◆ Es: 자아강도(ego strength)

흔히 '자아강도'라는 말은 상담 장면에서 좋은 의미로 많이 사용된다. 그래서 자아강도가 약할 때보다는 문제해결을 위한 심리적인 힘이 있다는 뜻에서 주로 자아강도가 강하다는 말을 하고 싶을 때 언급되는 단어이다. 그런데 MMPI를 상담 장면에서 사용할 때는 그런 긍정적인 의미를 내려 두어야 한다. 자아강도의 병리적 명칭은 자존감이 아니라 '자존심'이다. 자존감은 능력이 뒷받침되어야 하기 때문에 간단한 척도 하나로 판단하기 어렵다. 그리고

MMPI는 병리적 도구이고, 병리적인 사람들을 가려내기 위한 것이다. 이 척도의 점수가 높으면 자존심이 강하면서 스스로 능력이 있다고 생각하는 사람이다.

권위에 대해서 적대적이고 저항적이어서 누가 지적하는 걸 받아들이지 못한다. 자신이 능력이 있다고 생각하기 때문에 경쟁적이고 일 중심적이다. 그리고 남에게는 빈정거리고 냉소적이다. 그래서 도움이 필요할 때 자기에게 필요한 도움을 직접 구하지 못하고, 주변에서 일어나는 문제로 마치 자기 일이 아닌 것처럼 애매하게 도움을 구한다. 중학교 때 〈영웅본색〉과 같은 홍콩영화를 비디오로 빌려서 집에서 보는 것이 유행이었다. 부모님에게 사 달라고 말했다가 거절당했고 난 아무 말도 못했다. 시간이 흘러 동생이 중학교를 가면서 비디오기계를 사 달라고 했을 때 나는 강하게 주장했다. '사 줘야 한다! 그래야 동생이 친구를 사귈 수 있다!'라고. 결국 비디오기계를 샀고, 그제서야 비로소 나도 편하게 비디오를 보게 되었다.

Es 척도 점수가 높은 사람들의 특징

1. 심각한 증상의 수나 정도가 덜하다.
2. 만성적인 정신병리가 덜하다.
3. 안정적이고 신뢰가 가며 책임감이 있다.
4. 참을성이 있고 편견이 없다.
5. 기민하고 활력이 넘치며 대담하다.
6. 감각추구자일 수 있다.
7. 단호하고 인내력이 있다.
8. 자신감이 있고, 거리낌 없이 말하며 사교적이다.

9. 지적이고 자원이 풍부하며 독립적이다.

10. 안정된 현실감이 있다.

11. 사람들과 잘 지낸다.

12. 호감 가는 첫인상을 준다.

13. 타인의 수용을 얻는다.

14. 기회를 잘 보고 사람을 잘 다룬다.

15. 활력이 넘치고 흥미가 많다.

16. 남자일 경우, 남성 특유의 방식으로 행동한다.

17. 권위에 대해 적대적이고 저항적이다.

18. 경쟁적이며 일 중심적이다.

19. 빈정거리며 냉소적일 수도 있다.

20. 주변에서 일어나는 문제로 도움을 구한다.

21. 심리치료에서 직면을 이겨 낼 수 있다.

출처: 이훈진 외 공역(2010).『MMPI-2 성격 및 정신병리 평가』(제4판), p. 240.

◆ Do: 지배성(dominance)

성인들, 특히 아동·청소년의 보호자로 온 부모 중에서 K 척도가 높고 임상척도가 다 낮은 상태에서 억압, 자아강도, 지배성 3개 척도가 같이 상승하는 경우가 종종 있다. 임상척도가 다 낮게 나타나는 것은 자신은 심리적으로 문제가 없다고 말하는 것이다. 자존심이 강해서 억압적이고 신중하며 자기 할 일을 잘하니까 실제로 자기 마음대로 했을 때 문제해결에 성공하는 경우가 많아지고, 주변 상황을 자기 마음대로 하고 싶은 욕구가 점점 높아지게 된다.

이들은 대개 자신이 확실히 잘하는 영역이 정해져 있어서 남들의 지시를 잘 받지 않는 경우가 많다. 대개 아동·청소년의 부모 정도가 되면 직장에서도 어느 정도 통제감을 발휘하는 위치에 있는 경우가 많다. 직장에서 카리스마를 발휘하는 건 좋지만, 이 카리스마를 가정에서까지 그대로 적용하는 사람들이 있다. 배우자가 일을 하지 못하고 단독 가장의 역할을 하는 경우라면 더 그렇다. 가족들을 부하직원처럼 대한다. 시골 남자들 중에 서울에 차 몰고 가는 거 싫어하는 사람들이 있다. 시골에서 익숙하고 넓은 길에서 편하게 다닐 때는 통제감을 유지할 수 있는데, 서울의 복잡한 도로에서는 길 찾는 게 너무 어려워 통제감을 느낄 수가 없다. 지배성이 높은 사람은 자기가 통제할 수 없는 환경에 가는 걸 힘들어한다. 그리고 그럴 때 화를 낸다. 자기가 운전 못해서 차선 변경을 못해 놓고, 차가 막힌다느니 하면서 환경 탓을 한다. 아이가 SM, JYP 등 연예기획사 건물에 가 보고 싶어 하는데, '그딴 데를 왜 가려고 하냐'라고 화를 낸다. 사실은 서울에 운전하러 가는 게 너무 고통스러운데 이를 말하지 못하고, 그러한 좌절을 느끼게 하는 아이에게 화를 내는 것이다. 평소에 익숙한 환경에서 완벽하게 통제를 하기 때문에 자신감이 높다. 그러니 평소에 문제의식도 부족하다. 그래서 부정적 치료 지표가 같이 상승하기 쉽다.

　지배성에 더해서 사회적 책임감까지 상승하는 경우도 자주 있다. 지배성만 높은 사람은 빨리 불편해지는데, 지배성과 사회적 책임감이 모두 높은 사람은 처음에는 호감을 느끼다가 나중에 가까워지면 불편해진다. 모든 행동이 모범적이다. 행동이 정갈하고 새벽 5시에 일어나서 밤 10시에 꼬박 자고 몸은 너무 청결하고 옷도 항상 반듯하다. 그러니 이 사람이 하는 말에 누가 토를 달 수가 없다. 그런데 이렇게 완벽한 사람이 놓치는 것이 있다. 자신이 해야 할 것에 집중하느라 상대의 감정과 욕구를 보지 못한다. 일할 때는 상대의 감정과 욕구를 고려하지 않아도 되지만, 가족의 감정과 욕구를 고려하지 않으면 결국 가족 중에 힘들어하는 사람이 생기게 된다.

Do 척도 점수가 높은 사람들의 특징

1. 침착하고 확신에 차 보인다.
2. 안정감이 있고 자신감이 있다.
3. 솔직하게 행동하는 게 마음 편한 것 같다.
4. 낙천적이다.
5. 내적 자원이 있고 유능하다.
6. 현실적이고 성취 지향적이다.
7. 충분히 어려움을 이겨 낼 힘이 있다고 느낀다.
8. 인내심이 있다.
9. 도덕적 본분을 다한다.
10. 현실에 맞서려는 욕구가 강하다.
11. 사회적인 장면에서 편안해한다.
12. 정신과 환자라면, 불안, 우울 및 신체증상 호소 등의 증상 수가 적은 경향이 있으며, 다소 과대망상적일 수 있다.

출처: 이훈진 외 공역(2010). 『MMPI-2 성격 및 정신병리 평가』(제4판), p. 243.

◆ Re: 사회적 책임감(social responsibility)

사회적 책임을 다한다는 것은 도덕과 관습을 잘 지키는 것을 말한다. 도덕적인 사고 경향이 높고 모범적인 사람들이다. 점수가 높은 사람들은 L 척도처럼 미숙하게 도덕성이 높은 게 아니고, 그 가치가 충분히 내면화되어 바르고 성실하게 행동하는 사람들이다. 그래서 이 척도만 상승하는 경우 조용하고 도덕적인 사람일 가능성이 높다. 그런데 L 척도, 자아강도, 지배성 등이 상승하는 만큼 경직성과 강제성이 높아진다. 과거에 자기가 짊어진 의무, 부담 등을 강조한다. 점수가 높으면 스스로 바르게 생활하고 있다고 생각하는 것이니 정신과적인 증상의 수는 적어진다.

임상척도가 모두 낮게 나타나면서 지배성, 억압, 자아강도, 사회적 책임감 4개 척도가 같이 뜨는 경우 최강의 방어력을 가진 사람이다. 평소에 완벽하게 모든 생활을 통제하면서 지내는 독선적인 사람이 되기 쉽다. 겉으로는 예의 바르게 행동하지만 능력까지 갖춘 독불장군이어서 상담을 하기 힘들다. 독선적인 이유는 자기가 다 옳다고 생각해서 다른 사람의 말을 도대체 들으려고 하지 않기 때문이다. 그러나 상담 개입의 핵심도 역시 도덕성에 있다. 높은 도덕성이 자신에게 중요한 가치관이기 때문에 적당한 시점에서 도덕성의 오류나 허점을 언급하는 것이 행동 개선에 도움이 될 수 있다.

Re 척도 점수가 높은 사람들의 특징

1. 윤리적이고 도덕적인 문제에 대해 깊은 관심을 보인다.
2. 정의감이 강하다.
3. 스스로에 대한 규준이 높다.
4. 특권 및 청탁을 거부한다.
5. 자신이 짊어진 부담 및 의무 이행을 과도하게 강조한다.
6. 안정감이 있고 자신감이 있다.
7. 사회적인 장면에서 편안해한다.
8. 일반적으로 세상에 대한 신뢰 및 자신감이 있다.
9. 정신과 환자의 경우, 다른 환자들보다 불안, 우울 및 신체증상 호소를 포함한 증상 수가 적은 편이다.

출처: 이훈진 외 공역(2010). 『MMPI-2 성격 및 정신병리 평가』(제4판), p. 246.

◆ Mt: 대학생활 부적응(college maladjustment)

대학생이 아니면 해석하지 않도록 되어 있다. 그러나 대개 스트
레스가 높으면 대학생활 부적응, 외상후 스트레스 장애, 결혼생활
부적응 3개 척도가 모두 상승한다. 대학생 여부에 상관없이 그냥
스트레스 지표로 보면 된다.

Mt 척도 점수가 높은 사람들의 특징

1. 무능하다.
2. 비관적이다.
3. 매사에 늦장을 부린다.
4. 불안하고 걱정이 많다.
5. 스트레스가 많아지면 신체증상을 보인다.
6. 인생살이가 힘들다고 느끼는 경우가 대부분이다.

출처: 이훈진 외 공역(2010). 『MMPI-2 성격 및 정신병리 평가』(제4판), p. 249.

◆ PK: 외상후 스트레스 장애(post-traumatic stress disorder)

대개 스트레스가 높으면 대학생활 부적응, 외상후 스트레스 장
애, 결혼생활 부적응 3개 척도가 모두 상승한다. 이 척도는 그중
에서도 가장 극단적인 수준의 스트레스를 나타내는 지표이다. 물
론 이 척도가 상승할 때 과거 외상의 경험이 있을 가능성을 먼저
생각해야겠으나, 현재 극단적인 고통감의 표현인 경우도 많으니
무조건 과거 외상 쪽으로만 생각하지 않는 게 좋다.

> ### PK 척도 점수가 높은 사람들의 특징
>
> 1. 강한 정서적 고통감을 호소하고 있다.
> 2. 불안 및 수면장애 증상을 보고한다.
> 3. 죄책감과 우울감을 느낀다.
> 4. 원하지 않는 혼란스러운 생각들이 있을 수 있다.
> 5. 감정 및 인지적 통제력을 잃어버릴까 봐 두려워한다.
> 6. 제대로 이해받지 못하며 학대받고 있다고 느낀다.

출처: 이훈진 외 공역(2010). 『MMPI-2 성격 및 정신병리 평가』(제4판), p. 253.

◆ MDS: 결혼생활 부적응(marital distress)

대개 스트레스가 높으면 대학생활 부적응, 외상후 스트레스 장애, 결혼생활 부적응 3개 척도가 모두 상승한다. 그래서 결혼을 안 했어도 상승할 수 있다.

결혼했는데 이 척도가 상승하면 배우자와 갈등이 있을 가능성이 높지만, 갈등이 있어도 나타나지 않는 경우가 많아서 척도가 낮아도 상담을 하면서 좀 더 관찰할 필요가 있다. 예를 들어, 우울증을 호소하며 방문한 40대 여성과 상담을 해 보면, 남편과 별다른 문제가 없다고 말하고 진심으로 그렇게 생각하는 듯 보인다. 그런데 계속 상담을 하다 보면 남편 얘기가 나온다. 자신이 왜 아이한테 계속 짜증을 내고 있는지 보니까 남편이 살림을 하나도 안 돕는다는 걸 알게 된 것이다. 일 끝나고 와서 살림하고 애까지 보려면 너무 힘든데 삶에서 남편이 아예 빠져 있는 경우가 있다. 주말 부부면 더 그렇지만 동거를 하고 있음에도 이렇게 되는 경우가 있다. 남편이 술을 먹고 12시에 들어오는데 그것을 아예 문제로 여기지조차 못하고 있는 것이다. 남편이 문제가 아닌 게 아니고, 남편을 문제 목록에서 아예 빼 버린 것이다. 이렇게 되면 척도 점수가 낮을 수 있다.

MDS 척도 점수가 높은 사람들의 특징

1. 전반적으로 부적응적이다.
2. 우울을 경험하고 있을 수 있다.
3. 거의 대부분 실패했다고 느낄 수 있다.
4. 인생살이가 힘들다고 느낀다.
5. 화가 난다.
6. 친구가 극소수이거나 아예 없으며, 사람들이 자신을 거부한다고 느낄 수 있다.

출처: 이훈진 외 공역(2010). 『MMPI-2 성격 및 정신병리 평가』(제4판), p. 255.

◆ Ho: 적대감(hostility)

이 척도가 높으면 스스로 적대감이 높다고 인정하는 것이다. 스스로 적대감이 높다고 인정할 정도의 사람들은 사회적 지지가 부족하다고 생각하면서도 이를 구하려고 하지 않는다. 아예 포기한 것이다. 적대감과 사회적 지지는 반비례한다. 주변 사람들을 지지적이라고 생각하는 사람들은 적대감이 높을 수가 없다. 적대감은 위협을 느낄 때 커지기 때문에 자신을 지지해 주는 사람이 많을 때는 위협에 대한 인식이 줄어든다. 따돌림을 당하는 이유는 여러 가지가 있겠지만, 가장 확실한 특성은 절친이 없다는 것이다. 그냥 노는 친구는 있어도 진짜 친한 친구가 없는 것이다. 가해자들은 최대한 효율적으로 공격한다. 확실한 절친이 있으면 괴롭히는 데 고려할 게 많아서 에너지가 많이 든다. 아무도 신경 쓰지 않는 애들을 괴롭혀야 자기도 편하다. 사자도 가장 뒤에 처져 있는 약한 사슴을 잡아먹는다. 비겁해 보이지만 어차피 먹는 게 목적이니까 사냥꾼 입장에서는 효율적이다. 어차피 괴롭히는 게 목적인데 괴롭히면서 귀찮은 건 싫은 거다. 친한 친구가 없는 아이를 건드리는 게 가장 효율적이다. 그래서 사회적 지지와 적대감은 반비례한다. 자신을 보호해 줄 친구가 있으면 위협에 대한 노출이 적어서 세상을 적대적으로 볼 필요가 없다. 사슴 떼의 가운데 있는 사슴은 사자를 위협적으로 보지 않아도 된다. 또한 이들은 자기개념이 빈약하다. 적대감이 높으면 생각의 기준이 외부에 있게 된다. 자신이 하고 싶은 게 무엇인가보다는 자기 옆에 있는 놈이 나쁜 놈인가 아닌가를 판단하는 게 중요하기 때문이다. 그러니 자기에 대한 진지한 고민은 부족해진다.

Ho 척도 점수가 높은 사람들의 특징

1. 냉소적이고 의심이 많으며 잘 믿지 못하는 것 같다.
2. 화가 많이 나는데, 특히 사람들과의 관계에서 그렇다.
3. 우호적이지 않아 보인다.
4. 적대감을 다른 사람 탓으로 돌린다.
5. 자신의 문제에 대해 다른 사람을 비난한다.
6. 사회적 지지가 부족하다고 지각하며, 이를 구하려 하지도 않는다.
7. 높은 수준의 불안, 우울 및 신체증상을 호소한다.
8. 자기개념이 빈약하다.
9. 심각한 건강상 문제가 있을 위험이 크다.
10. 심리적으로 잘 적응하지 못한다.

출처: 이훈진 외 공역(2010). 『MMPI-2 성격 및 정신병리 평가』(제4판), p. 260.

◆ O-H: 적대감 과잉통제(overcontrolled-hostility)

역설적으로 해석해야 하는 재미있는 척도이다. 이 척도는 적대감은 낮은데 적대감 과잉통제가 높을 때 사용 가치가 높다. 자기가 가지고 있는 적대감을 드러내고 싶지는 않지만 내면의 적대감은 높은 사람이다. 댐의 예를 보자. 어느 마을에 갔는데 물 높이에 비해서 댐이 너무 높다면? 1년 내내 물 높이가 낮은데 필요 이상으로 댐을 높게 쌓을 필요는 없다. 댐을 높게 쌓았다면 언젠가 그 동네에 물이 그만큼 높게 들어올 가능성이 있다는 것이다. 화도 마찬가지이다. 화를 높게 억제한다면 억제해야 할 만큼의 높은 화가 있다는 것이다. 방어를 하는 정도만큼이 방어해야 할 대상의 양인 것이다.

과잉통제를 높게 한다면 적대감이 그만큼 높다는 말이다. 그런데 내면의 적대감을 감추기 때문에 적대감을 드러내서 말하는 사람보다 더 무서운 사람이다. 그래서 평소에는 화가 날 때 당연히 할 수 있는 공격 반응도 하지 않는데, 오래 참다가 가끔 엉뚱한 상황에서 극단적 반응을 하게 된다. 다음에 제시한 O-H 척도 점수가 높은 사람들의 특징 중 7번에 '충분한 돌봄을 받으며 지지적인 가족 분위기에서 성장했다고 기술한다'라고 되어 있다. 여기서 중요한 단어는 '기술한다'이다. 겉으로 그런 척한다는 말이다. 너무 문제가 심해서 상담센터에 데려와서 심리검사를 했는데 '우리 엄마 아빠는 너무 좋다'라고 쓰는 애들이다. 상황을 고려할 때 반대로 생각해 볼 필요가 있다. 힘이 약한 아이들은 감히 부모에게 자신의 화를 드러내지 못하고, 순응하는 모습을 보여야 한다. 자기최면을 걸어야 하기 때문에 아예 부모를 착한 사람으로 인식하게 된다.

O-H 척도 점수가 높은 사람들의 특징

1. 보복을 하지 않는다.
2. 화난 감정을 표현하지 않는 경향이 있다.
3. 사회성이 있고 책임감도 있다.
4. 다른 사람보다 뛰어나고 싶은 욕구가 강하다.
5. 다른 사람에게 의존적이다.
6. 믿음직스럽다.
7. 충분한 돌봄을 받으며 지지적인 가족 분위기에서 성장했다고 기술한다.
8. 정신과 입원환자의 경우, 다소 과대망상적이지만 협조적일 수 있다.
9. 정신건강센터 방문자의 경우, 다른 방문자들보다 증상 수나 부정적인 특성을 적게 호소할 수 있다.

출처: 이훈진 외 공역(2010). 『MMPI-2 성격 및 정신병리 평가』(제4판), p. 263.

◆ MAC-R: MacAndrew의 알코올중독(MacAndrew alcoholism-revised)

정신과 환자 중에서 알코올중독이 있는 사람을 가려내기 위한 척도이다. 그런데 척도가 높다고 해서 무조건 술을 많이 마시는 것만 생각하면 안 된다. 중독일 가능성이 높긴 하지만, 중독에 빠지기 쉬운 상태라는 말이지 현재 중독이라는 말은 아니다. 술을 많이 마실 가능성이 높다기보다는 술을 많이 마시는 사람들의 심리적 특성을 가지고 있다고 말을 해야 하는 것이다.

그래서 세부 내용을 봐야 한다. 술을 잘 마시는 사람들을 보면 사회적으로 외향적이고 사교적인 경우가 많다. 술을 마시면 이완되고 긴장이 풀어지니까 자신의 허점을 상대에게 보일 수 있는데, 이를 허용하는 사람들이다. 외향적이고 경쟁과 위험을 즐긴다.

술을 마시는 사람들은 술 먹기 게임도 즐기는데, 이러한 행동들은 자극추구 성향이 높다는 것을 나타낸다.

학교에서 말썽을 일으키거나 법적인 문제를 일으킨 과거력이 있을 수 있다. 행동적이고 자기관리가 안 되고 느슨해지는 걸 허용하는 사람이니까 문제행동의 가능성이 높아진다. 정신과 환자는 자살시도 경험이 있을 수 있다. 심한 정신과적 문제가 있다면 그만큼 내면의 고통감이 클 것이니 거기에 충동성까지 가미되면 자살시도 경험이 있기 쉽다.

이 척도가 높을 때 나타나는 다양한 특성을 포괄하는 개념은 충동성이다. 알코올중독이 높으면 일상에서 충동적일 가능성이 높다. 그래서 술을 좋아하는 사람들은 할 일이 있어도 갑작스러운 술자리를 포기하지 못한다.

MAC-R 척도 점수가 높은 사람들의 특징

1. 사회적으로 외향적이다.
2. 과시적이다.
3. 자신감이 있고 자기주장적이다.
4. 술을 마신 뒤 필름이 끊긴 경험이 있을 수 있다.
5. 경쟁과 위험을 즐긴다.
6. 정신을 집중하는 데 어려움이 있다.
7. 학교 장면에서 말썽을 부리거나 혹은 법적인 문제를 일으킨 과거력이 있다.
8. 공격적이다.
9. 정신과 환자라면, 다른 환자들보다 자살시도 경험이 많을 수 있다.

출처: 이훈진 외 공역(2010). 『MMPI-2 성격 및 정신병리 평가』(제4판), p. 269.

◆ **AAS: 중독 인정(addiction admission)**

개인적 경험상 내용 척도 중에서 가장 쓸모가 없었던 척도이다.
이 척도만 상승하는 경우도 잘 없고, 척도만의 특성을 찾기 어렵
다. 척도 점수가 높으면 스스로 중독을 인정하는 것인데, 그 정도
면 이미 다 드러난 문제이고, 검사에서는 자신이 인정하지 않는
정보를 찾아내는 것이 가치가 있는 경우가 많기 때문인 듯하다.

AAS 척도 점수가 높은 사람들의 특징

1. 정신건강 관련 혹은 법정 장면에서는 물질남용이나 물질의존으로 진단받
   을 수 있다.
2. 행동화의 과거력이 있다.
3. 충동적이다.
4. 위험을 즐긴다.
5. 판단력이 좋지 않다.
6. 화를 내고 공격적이다.
7. 비관적이고 논쟁적이다.
8. 가족 내 문제가 있다.
9. 쉽게 동요하고 기분 변화가 잦다.

출처: 이훈진 외 공역(2010). 『MMPI–2 성격 및 정신병리 평가』(제4판), p. 272.

◆ **APS: 중독 가능성(addiction potential)**

중독 관련 척도 중에서 쓰임새가 가장 많은 척도이다. 말 그대
로 중독 가능성이 높은 성격이라는 말이다. 중독의 대표인 알코
올중독자들의 전형적인 행동을 보면, 평소에 소심하게 지내다가
술을 먹고 난리 치고 그다음 날 잘못했다고 엎드려 빌고 또 사고

치고 잘못했다고 빌고, 이러한 행동이 반복된다. 자존심이 매우 강한데 자존감은 너무 낮고 행동은 매우 무책임한 사람들이다. 우리나라에서 저녁 시간대에 하는 인기 가족 드라마에 꼭 등장하는 삼촌 캐릭터들이다.

4개 척도군을 비롯하여 보충 척도에서도 상승하는 척도가 하나도 없는데 유일하게 이 척도만 상승하는 경우가 있다. 높은 자존심, 낮은 자존감, 무책임, 이 세 가지 단어로 표현될 수 있다. 단, 점수의 정도에 따라 해석 시 표현의 강도도 조절이 필요하다. 이 척도만 높다면 심각한 수준은 아니지만, 음주, 도박, 사기 등에 자주 조금씩 관여가 될 가능성이 높다. 이들이 능력이 부족한데 높은 자존심을 유지할 수 있는 이유는 잔재주가 많기 때문이다. 그래서 주변 사람들도 기회를 계속 주게 된다.

◆ GM: 남성적 성역할(masculine gender role)

해석은 제목 그대로 하면 된다. 다만 남자가 5번 척도가 상승했는데, 남성적 성역할이 상승하는 등 방향이 맞지 않는 경우가 있다. 그래서 5번 척도와 따로 해석해야 한다. 그 내용을 보면 두려움, 불안, 신체증상의 부인 등이 포함되어 있는데, 이는 여성성의 부인에 초점이 맞춰져 있는 것이다. 자신이 약한 존재가 아니라고 부인하고, 여성성의 나쁜 부분(수동성)이 없다고 강하게 주장하는 것이다.

◆ GF: 여성적 성역할(feminine gender role)

반사회적 행동의 부인이 초점이고, 이는 곧 남성성의 부인을 의

미한다. 자신이 남성적이지 않다고 말하는 것인데, 남성성의 나
쁜 부분(공격성)이 없다고 강조하는 것이다. 그래서 여자가 5번 척
도가 높으면서도 여성적 성역할이 높을 수도 있다.

CHAPTER
05

다양한 소척도-청소년

1. 내용 척도 및 내용 소척도
2. 성격병리 5요인 척도
3. 보충 척도

Chapter 05 다양한 소척도-청소년

1. 내용 척도 및 내용 소척도

성인과 마찬가지로 명백문항이 많아서 청소년 수검자가 검사자에게 호소하고 싶은 직접적인 내용이다.

◆ A-anx: 불안(anxiety)
성인 척도 내용과 별다른 차이는 없다.

◆ A-obs: 강박성(obsessiveness)
강박적인 사고와 행동은 불안에 대한 반응으로 나타나는 증상이다. 강박증상은 자신의 역동에 의해서 생기는 것인데, 청소년의 강박은 성인과 다르게 비자발적이라는 특징이 있다. 나는 평소에 남보다 깔끔하다는 말을 듣는데, 이는 부모님의 깔끔함의 영향이다. 다른 사람들이 보기에는 내가 깔끔한 사람이지만 부모님은 날 그다지 깔끔하지 못한 사람으로 보고 만날 때마다 잔소리를 한다. 나이 50을 바라보는 지금은 그 잔소리가 별 영향을 주지 않지만, 어린아이들에게는 상당한 압박이 된다. 그래서 청소년의 강박은 힘의 열세에서 오는 비자발적 행위일 가능성이 높다. 아직 충분히 내면화가 되지 않았을 것이고, 누군가에 대한 반항심이 포함되어 있을 가능성이 높다.

◆ A-dep: 우울(depression)

성인 척도 내용과 별다른 차이는 없다.

✔ 소척도

A-dep1(기분부전): 흥미의 저하와 관련된 증상
A-dep2(자기비하): 경도의 우울증이 오래 지속된 상태
A-dep3(동기 결여): 낮은 자존감
A-dep4(자살 사고): 자살 사고, 계획, 시도의 가능성

◆ A-hea: 건강염려(health concerns)

성인 척도 내용과 별다른 차이는 없다.

✔ 소척도

A-hea1(소화기 증상): 위장관 계열의 문제
A-hea2(신경학적 증상): 교감신경계 활성화(흥분), 미주신경성 실신(마비) 등
A-hea3(일반적인 건강염려): 건강 관련 걱정

◆ A-aln: 소외(alienation)

에릭슨(Erikson)의 발달 단계에서 청소년기의 삶의 과업은 정체감을 형성하는 것이다. 정체감은 쉽게 말해서 소속감이다. 사람들은 어느 집단에 자신이 소속되어 있는지를 분명히 할 때 삶을 안정적으로 느낄 수 있다. 청소년은 완전히 보호받아야 할 아동

도 아니고, 완전히 독립할 수 있는 성인도 아니다. 세상 대부분의 환경과 물건은 아동 아니면 성인을 위해 존재한다. 그래서 아동에도, 성인에도 소속감을 느끼지 못하는 청소년은 자기들끼리 뭉친다. 그래서 청소년기에는 또래관계가 매우 중요하고, 소외 척도가 청소년용 설문지에 포함되어 있는 것이다. 청소년이 소외감을 느낀다는 것은 단순히 우울감의 문제가 아니라 삶의 중심 과제가 매우 불안정하다는 뜻이다. 그러나 해결도 그렇게 심각하게 어려운 건 아니다. 친한 친구는 1명만 있어도 그 효과가 크다. 주변을 살피고 1명의 친구를 만들기 위해서 노력할 수 있도록 해야 한다.

▼ 소척도

A-aln1(이해받지 못함): 권위자에게 이해받지 못함
A-aln2(사회적 소외): 또래들과 어울리지 못함
A-aln3(대인관계 회의): 또래관계에서 사회기술의 부족

◆ A-biz: 기태적 정신상태(bizarre mentation)

각 정신장애의 인구분포를 보면, 고등학생부터는 가능성이 점점 높아지지만 중학생까지는 조현병이나 1형 양극성장애가 되긴 쉽지 않다. 고등학생, 특히 남자 고등학생이 망상, 환각 등 정신증적 증상을 호소하면 조현병의 가능성이 있으나, 중학생까지는 망상, 환각 등 정신증적 증상을 호소해도 진성 정신증보다는 자아강도가 약화되어서 나타나는 현상일 가능성이 높다. 너무 놀라지 말고 최근 스트레스 상황과 현실검증 능력을 파악해 보자.

> **▼ 소척도**
>
> A-biz1(정신증적 증상): 망상, 환각, 와해된 행동 등 정신증적 증상에 대한 호소
> A-biz2(편집증적 사고): 의심, 경계심, 망상 등에 초점을 맞춤

◆ A-ang: 분노(anger)

성인 척도 내용과 별다른 차이는 없다.

> **▼ 소척도**
>
> A-ang1(폭발적 행동): 충동적인 감정 표출 및 공격 행동 가능성
> A-ang2(성마름): 참을성이 없고 조급하여 쉽게 공격적인 감정을 드러냄

◆ A-cyn: 냉소적 태도(cynicism)

성인 척도 내용과 별다른 차이는 없다.

> **▼ 소척도**
>
> A-cyn1(염세적 신념): 평소에 주로 부정적 결과를 예상함
> A-cyn2(대인 의심): 대인관계 시에 주로 타인이 자신에게 비판적일 것이라 예상함

◆ A-con: 품행 문제(conduct problems)

척도 점수가 높으면 품행 문제가 있을 가능성이 높다. 점수가 높지만 비행행동이 나타나지 않는다면? 우선은 어른들이 알지 못하게 눈치껏 잘 숨어서 비행행동을 할 가능성이 있다. 실제로 행동도 나타나지 않는다면, 생각이 반항적일 가능성이 높아서 말로 상대의 화를 자극할 수 있다.

A-con1(표출 행동): 내면의 분노감을 행동으로 표출함. 충동적이고 공격적인 행동

A-con2(반사회적 태도): 실제 행동은 하지 않지만, 생각은 반항적이고 공격적임

A-con3(또래집단의 부정적 영향): 비행집단과 어울림. 사회에 대한 반항심

◆ **A-lse: 낮은 자존감(low self-esteem)**

성인 척도 내용과 별다른 차이는 없다.

A-lse1(자기 회의): 자존감이 낮아 자신의 결정을 후회하기 쉬움

A-lse2(순종성): 자존감이 낮아 의사결정을 할 때 타인의 결정에 따르기 쉬움

◆ **A-las: 낮은 포부(low aspirations)**

가끔 유용한 정보를 주는 척도이다. 이 척도의 제목은 낮은 포부이다. 따라서 점수가 높으면 포부가 낮다는 뜻이고, 청소년기에 포부가 낮다는 것은 현재 상당히 무기력한 상태임을 뜻한다. 그런데 단순히 우울증의 증상이기보다는, 강압적이거나 열악한 환경에서 자신의 꿈을 실현할 기회를 얻지 못하고 있을 가능성이 높다. 점수가 낮으면 포부가 높다기보다는 낮지 않다 정도로 봐야 한다. '낮은 포부'가 의미가 있는 경우는, 겉으로 볼 때 우울감이 심하거나 지능이 낮아서 무기력해 보이는 아이들이다. 이 척도가 낮다면 본인이 아직 포기하지 않은 것이다. 겉으로는 의욕이 부족해 보여도 좀 더 적극적으로 개입할 필요가 있다.

☑ **소척도**

A-las1(낮은 성취성): 장기간 성취 경험의 부재 또는 오랜 좌절의 지속

A-las2(주도성 결여): 통제감을 느낄 수 있는 경험의 부재

◆ A-sod: 사회적 불편감(social discomfort)

성인 척도 내용과 별다른 차이는 없다.

◆ A-fam: 가정 문제(family problems)

성인 척도 내용과 별다른 차이는 없다.

☑ **소척도**

A-fam1(가정 불화): 가정 내 심한 갈등 상황

A-fam2(가족 내 소외): 가족들과의 거리감

◆ A-sch: 학교 문제(school problems)

척도 점수가 높으면 실제로 학교에서 문제행동이 있을 가능성
이 높다. 겉보기에는 바른 학생처럼 보여도 점수가 높으면 품행
문제가 있을 수 있다. 학교에서 품행 문제가 있으면 교사들과 갈
등이 있을 가능성이 높고, 또래들과도 편안한 관계를 맺기는 힘들
다. 그리고 학업적으로도 성취 수준이 낮을 가능성이 높다.

☑ **소척도**

A-sch1(학교 품행 문제): 품행 문제가 있고, 교사와 갈등 가능성

A-sch2(부정적 태도): 환경에 대한 부정적 태도

◆ **A-trt: 부정적 치료 지표**(negative treatment indicators)

성인 척도 내용과 동일하다. 다만 청소년의 경우, 성인보다는 순진한 면이 있고, 권위에 대한 부정적 사고 뒤에는 실제 경험하고 있는 불만이 있을 가능성이 높아서 이러한 현실적 불만을 파악하고 개선하도록 하는 것이 중요하다.

✔ 소척도

A-trt1(낮은 동기): 심리적 개선에 대한 의지 부족
A-trt2(낮은 자기 개방): 자기 개방에 대한 의지 부족

🔴▶ 2. 성격병리 5요인 척도

◆ **AGGR: 공격성**(aggressiveness)

성인 척도 내용과 동일하다.

◆ **PSYC: 정신증**(psychoticism)

성인 척도 내용과 동일하다.

◆ **DISC: 통제 결여**(disconstraint)

성인 척도 내용과 동일하다.

◆ **NEGE: 부정적 정서성/신경증**(negative emotionality/ neuroticism)

성인 척도 내용과 동일하다.

◆ INTR: 내향성/낮은 긍정적 정서성(introversion/low positive emotionality)

성인 척도 내용과 동일하다.

📌 **3.** 보충 척도

◆ A: 불안(anxiety)

성인 척도 내용과 별다른 차이는 없다.

◆ R: 억압(repression)

성인 척도 내용과 별다른 차이는 없다.

◆ MAC-R: MacAndrew의 알코올중독(MacAndrew alcoholism scael-revised)

◆ ACK: 알코올/약물 문제 인정(alcohol/drug problem acknowledgement)

◆ PRO: 알코올/약물 문제 가능성(alcohol/drug problem proneness)

알코올 관련 척도들이 3개 있는데, 어느 척도가 상승하더라도 '중독'으로 심각하게 보는 것은 권하지 않는다. '자신의 행동에 미치는 결과를 예상하지 못한다'라는 내용이 있다. 자극추구적이고 충동적이라는 말이다. 자극추구는 성격이라기보다는 기질이다. 자극추구는 내향성과 외향성을 결정하는 근본적인 기질을 말한

다. 자극추구가 높다는 것은 강한 자극을 쫓아가는 것이다. 건전
하게 되면 익스트림 스포츠를 좋아할 수도 있다. 자극이 센 걸 찾
아가고, 찾아서 계속 하다 보면 익숙해지고, 또 새로운 자극을 찾
는다. 골프에 빠지고 탁구에 빠지고 야구에 빠지고 스피커에 빠
지고 자동차에 빠지고, 이런 식으로 취미부자가 되는 사람들이
다. 이들은 오디오에 빠져서 사고 싶은데 못할 때, 견디는 능력이
매우 부족하다. 그리고 욕구 좌절의 상황에서 화를 내거나 규칙
을 위반하는 등 역시 자극적이고 충동적인 방식으로 불편감을 표
출한다. 청소년이 이런 행동을 하면 주로 부모와 갈등이 생기게
된다. 이들은 성취에 대해 부정적 태도를 가지게 된다. 성취가 지
속적이려면 성실성이 필요한데, 충동적으로 행동을 하니 성실할
수 없고, 꾸준한 성취를 하기 어렵다. 그리고 본인이 얻기 어려운
성취에 대해 부정적 태도를 가지게 된다. 척도 제목만 가지고 '알
코올중독'으로 보면 안 된다. 척도가 상승했을 때 척도가 말하는
성향이 무엇인지 알아야 한다.

◆ IMM: 미성숙(immaturity)

이 척도 안면타당도가 꽤 높다. 척도가 상승하면 실제로도 미숙
한 경우가 많다는 말이다. 그런데 제대로 해석하기 위해서는 미
숙함의 의미를 좀 더 생각해 봐야 한다. 먼저 추상적 사고 능력이
부족하다. 추상성은 겉으로 말한 것 말고 그 이면에 있는 의미를
이해한다는 말이다. 어릴수록 사고가 구체적이어서 자기가 실제
경험한 것만 믿기 때문에 추상적 의미를 이해하기가 힘들다. 보
통은 친구들에게 옷을 빌려줄 수 있지만, 친구와 사이가 안 좋으

면 안 빌려줘도 되는데, 이런 구분을 하지 못한다. 미숙할수록 생각이 단순하니 하나 더 생각해야 하는 상황에서 판단이 어려운 것이다. 그리고 자기가 속한 사회집단의 가치와 신념을 동일시하지 않는다. 순진한 도덕성이 있는데 왜 공유하지 않을까? 사고가 미숙해서 수준 높은 관습에 대해서 따라가지 못하는 것이다. 그리고 미숙함에는 자기중심성이 포함되어 있다. 타인과의 공유에 필요한, 수준 높고 고차원적인 의미 중심의 사고를 하지 못한다는 말이다. 타인의 관점에서 세상을 볼 수 있는 능력이 부족하다. 어린아이가 자기중심적인 것은 발달적으로 정상적이지만, 나이가 들어서도 타인의 시선을 인식하지 못하는 건 문제가 된다. 사고 수준이 높으려면 유연성이 있어야 한다. 똑같이 빵을 훔쳤어도 악의적으로 훔치는 사람이 있고, 생계형으로 어쩌다가 훔치는 사람이 있다. 이럴 때 보는 기준은 조금씩 달라져야 하는데, 사고가 단순하고 미숙하면 이런 판단이 어려워진다.

미숙한 아이들을 보면 대개 지적 수준이 낮다. 그러나 어떤 경우에는 공부를 잘할 수도 있다. 사회적 상황에서의 판단력만 성숙해지지 못한 것인데, 이들은 대개 풍족하지만 과도하게 보호적인 환경에서 자란 경우가 많다. 기능이 높지만 미숙한 아이들은 미숙함에 익숙해져 있다. 성숙할 필요가 없었던 것이다. 성숙함은 책임감이다. 아이에게 책임을 지우지 않는 환경에서 자란 것이다. 사고는 아이가 쳤는데 엄마가 가서 다 해결해 주면 생각은 미숙한 수준에 머물게 된다. 미숙함에서 벗어나려면 적당히 지지하면서 자기가 할 일을 자기가 하게 해야 한다.

후기　⠿　MMPI-3에 대한 아쉬움

　MMPI-2에 대한 책을 쓰고 있는 이 시점에서 미국에서 MMPI-3의 출시 소식을 들었다. MMPI-2-RF가 나왔을 때만 해도 MMPI-2만 끌고 가기에는 뭔가 부족하니까, 그리고 짧은 설문지도 하나 필요하니까 하나 더 만들었나 보다 생각하고 있었다. 그런데 MMPI-3의 내용을 살펴보니 MMPI-2-RF의 확장판이었다. MMPI-2-RF가 MMPI-3로 가는 징검다리였던 것이다.

　임상척도가 없는 것이 불편해서 MMPI-2-RF를 잘 쓰지 않았고, 짧은 설문지가 필요한 상황이 있어서 한정적으로만 MMPI-2-RF를 사용해 왔다. MMPI-3가 출시된 것을 확인하고 이제부터는 익숙해져야겠다는 생각에 MMPI-2-RF를 더 사용해 봤는데 익숙함이 문제인지, MMPI-2-RF의 문제인지, 다시 MMPI-2로 돌아왔다.

　10년 넘게 기본차원을 중심으로 10개의 임상척도를 해석하는 데 최적화가 되어 있는 상황에서, 임상척도를 빼고 재구성 임상척도로만 보는 것이 나 개인적으로는 상당한 정보의 손실로 느껴졌다. 그리고 임상척도를 재구성 임상척도로 대체하는 것은 양보하더라도, 그동안 유용하게 사용했던 내용 척도가 대폭 줄어들어서 별다른 임상척도의 상승이 나타나지 않는 긍정왜곡 케이스의 경우, 해석할 내용이 너무 없었다. 역시 정보의 손실이 많이 느껴지는 부분이다.

그러나 DSM이 의학적 근거를 따라 변화하고 있고, 웩슬러 지능검사가 웩슬러의 철학보다 요인분석의 결과에 따라 변화하고 있듯이, MMPI도 전문가의 통찰적인 해석보다는 방법론적인 타당성을 높이는 방향으로 변화하는 것은 막을 수가 없을 것이다. 아쉽지만 가야 할 길이다.

MMPI-2는 각 척도에 대한 깊이 있는 이해를 바탕으로 예술적 해석의 멋을 느낄 수 있는 검사이다. 아직은 멋스러운 해석을 할 수 있는 날이 남아 있으니 새로운 검사가 오기 전까지는 이 책과 더불어 충분히 즐기기 바란다.

부록 ⠿ 해석에 도움이 되는 참고문헌

◆ **MMPI 관련 참고문헌**

김중술(2010). 다면적 인성검사. 서울: 서울대학교출판문화원.

마음사랑연구소 역(2015). MMPI-2 해석 상담, 어떻게 할 것인가(*Therapeutic Feedback with the MMPI-2: A Positive Psychology Approach*). Levak, R. W., Siegel, L., Nichols, D. S., & Stolberg, R. A. 저. 서울: 마음사랑.

유성진, 안도연, 하승수 역(2020). MMPI-2 해설서[*Psychological Assessment with the MMPI-2/MMPI-2-RF* (3rd ed.)]. Friedman, A. F., Bolinskey, P. K., Levak, R. W., & Nichols, D. S. 저. 서울: 학지사.

이훈진, 문혜신, 박현진, 유성진, 김지영 역(2010). MMPI-2: 성격 및 정신병리 평가[*MMPI-2: Assessing Personality and Psychopathology* (4th ed.)]. Graham, J. R. 저. 서울: 시그마프레스.

Kunce, J. T., & Anderson, W. P. (1976). Normalizing the MMPI. *Journal of Clinical Psychology, 32*(4), 776-780.

◆ **정신병리 관련 참고문헌**

권석만(2013). 현대 이상심리학(2판). 서울: 학지사.

권석만(2014). 이상심리학의 기초: 이상행동과 정신장애의 이해. 서울: 학지사.

권준수, 김재진, 남궁기, 박원명, 신민섭, 유범희, 윤진상, 이상익, 이승
환, 이영식, 이헌정, 임효덕 역(2015). DSM-5 정신질환의 진단 및 통
계 편람[*Diagnostic and Statistical Manual of Mental Disorders* (5th
ed.)]. American Psychiatric Association 저. 서울: 학지사.

◆ 각 임상척도 관련 참고문헌

김빛나 역(2018). 양극성 장애의 치료: 대인관계 및 사회적 리듬 치료의 임
상가 가이드(*Treating Bipolar Disorders: A Clinician's Guide to
Interpersonal and Social Rhythm Therapy*). Frank, E. 저. 서울: 학
지사.

김성환, 정유진 역(2018). 긍정의 훈육: 청소년 편[*Positive Discipline for
Teenagers: Empowering Your Teens and Yourself through Kind
and Firm Parenting* (3rd ed.)]. Nelsen, J., & Lott, L. 저. 서울: 에듀
니티.

박미경 역(2018). 소심한 공격자들: 뒤끝 작렬하는 사람들을 위한 8가지 제언
(*8 Keys to Eliminating Passive Agressiveness*). Brandt, A. 저. 경기:
영인미디어.

성소수자부모모임(2018). 커밍아웃 스토리: 성소수자와 그 부모들의 이야기.
대구: 한티재.

신현균(2016). 신체 증상 및 관련장애: 아무 이유도 없이 몸이 아프다면(2판).
서울: 학지사.

이혜선, 육성필 역(2006). 자살 심리치료의 실제(*Counseling Suicidal
People: A Therapy of Hope*). Quinnett, P. G. 저. 서울: 학지사.

윤순임, 이용승, 김정욱, 도상금, 심영숙, 문형춘, 남기숙 역(2008). 경계
선 장애와 병리적 나르시시즘(*Borderline Conditions and Pathological*

Narcissism). Kernberg, O. F. 저. 서울: 학지사.

전경아 역(2014). 미움받을 용기(幸せになる勇気). 기시미 이치로(岸見一
郎), 고가 후미타케(古賀史健) 저. 서울: 인플루엔셜.

차백만 역(2013). 천재의 두 얼굴, 사이코패스(*The Wisdom of Psychopaths*).
Dutton, K. 저. 서울: 미래의창.

◆ 기타 도움이 되는 참고문헌

이기련 역(2018). 정신분석적 진단(*Psychoanalytic Diagnosis*). McWilliams,
N. 저. 서울: 학지사.

정문자, 정혜정, 이선혜, 전영주(2018). 가족치료의 이해(3판). 서울: 학지사.

한성열 역(2005). 성공적 삶의 심리학: 정신건강이란 무엇인가(*Adaptation
to Life*). Vaillant, G. E. 저. 경기: 나남출판.

찾아보기

인명

E

Erikson, E. H. 222

S

Sandel, M. J. 97

내용

0번 척도 130

1-3 유형 71

1번 척도 73

2-7 유형 136

2번 척도 82

3번 척도 86

4-9 유형 136

4번 척도 95

5번 척도 102

6번 척도 110

7번 척도 117

8번 척도 121

9번 척도 126

ㄱ

가정 문제 196, 226

가정 불화 150

각 척도의 핵심적 의미 73

감정 표현 86, 87

감정적 · 대인관계 지향적 · 예술

　　적 성향 106

강박 117, 182

강박 및 관련 장애 117

강박성 221

강박성 성격장애 117

강압적인 양육 100

객관적 검사 19

건강염려 184, 222

건강염려증 73

검사 거부 33

검사 실시 32

검사 지시 32

결혼생활 부적응 210

경계선 성격장애 114

경쟁적 104

경조증적 상태 173

고통감 호소 121

공격성 95, 174, 227

공격성의 억제 149

공격적 104

공포 180, 181

과장된 자기제시 척도 65

관습적 사고 53

교감신경계 활성화 180

교통사고 52

구체적 사고 53, 57

군대베타 20

군대알파 20

권위 불화 151

권위적 106

권태-무기력 148

귀신 123

극단적 상승 50

기본차원 72

기분부전장애 83

기태적 감각 경험 162

기태적 경험 173

기태적 정신상태 185, 223

깊은 근심 145

꾀병 45, 48, 52

ㄴ

나쁜 남자 188

남성 동성애자 102

남성성-여성성 척도 102

남성의 여성적 특성 102

남성적 성역할 217

남성적 흥미 105

낮은 긍정정서 171

낮은 자존감 110, 193, 225

낮은 포부 225

내용 소척도 179

내용 척도 179

내적 소외 153

내적/외적 소외 168

내향성 131

내향성/낮은 긍정적 정서성 174, 177, 228

냉소적 태도 171, 187, 224

냉정함 165

높은 애정 욕구 86

ㄷ

대인관계 민감성 111

대인관계 효능감 130

대학생활 부적응 209

도덕성 54

돌봄에 대한 공포 98

동성애적 성향 105

둔감성 144

ㅁ

마초 106

망상 122

망상장애 110

명백문항 55, 179

모호문항 179

무응답 38

미성숙 229

미숙한 사고 53

ㅂ

반사회적 성격장애 95

반사회적 특성 190

반사회적 행동 172

반응성 우울증 82

반응왜곡 27

방어 61

병리적 내향성-외향성 130

보충 척도 200

복종적 106

부정왜곡 45, 47, 52, 123

부정왜곡 척도 52

부정적 사고 경향 82

부정적 정서성/신경증 174, 176, 227

부정적 치료 지표 198, 227

분노 186, 224

불신 198

불안 117, 180, 201, 221, 228

불안 및 관련 장애 117

불특정 해리장애 123

비교 평가 82

비도덕성 163

비일관성 66

비전형 44

비전형(전반부) 42

비전형(후반부) 45

비전형-정신병리 47

ㅅ

사고의 오류 122

사회공포증 134

사회기술 86, 132

사회불안장애 130, 134

사회적 바람직성 57

사회적 불안의 부인 146

사회적 불편감 195, 226

사회적 소외 152, 158

사회적 책임감 207

사회적 침착성 152

사회적 회피 167

사회적으로 능숙 100

상대적 상승 137

상상력 121

상해 관련 소송 52

성격병리 5요인 척도 173

성정체감 장애 102

성취 지향적 104, 107

세련된 방어 61

세련된 자기방어 61

소외 222

소척도 141

수동적 106, 108

수리적인 판단 97

수줍음/자의식 166

순응적 133

순종적 108

순진 59

순진성 156

스트레스 82

스트레스 척도 83

신경질적 64, 129

신중성 73

신중하다 74

신체적 기능 장애 144

신체증상 및 관련 장애 73

신체증상 호소 148, 170

신체화 73

신체화의 원리 75

심미적 · 예술적 흥미 105

심신운동 항진 164

ㅇ

아동 · 청소년기 품행장애 95

알코올/약물 문제 가능성 228

알코올/약물 문제 인정 228

알코올중독 214

애정 결핍 90

애정 욕구 146

양가성 123

양극성장애 127

억압 202, 228

에너지 126

여성성 103, 105

여성적 성역할 217

역기능적 부정정서 172

역할 유연성 102

연극성 성격장애 86

예민성 155

완벽주의 117

왜곡 19

왜곡 여부 37

왜곡된 사고 122

외로움 123

외상후 스트레스 장애 51, 209

외향성 131

우울 83, 183, 222

우울증 83, 122, 126, 127

웩슬러 지능검사 20

의기소침 170

의부증 114

의심 110, 111

의존적 106

의처증 114

이성과 다르게 대답하는 성향 102

이성적 대처 73

일반화된 불안장애 119

일중독자들 191

임상 소척도 142

임상적 경험에 근거 23

ㅈ

자극추구적 228

자기만족 65

자기애적 경계심 61

자기주장성 95

자기중심적 106

자아강도 203

자아통합결여-동기적 160

자아통합결여-억제부전 161

자아통합결여-인지적 160

자아팽창 165

자율성 130

자존감 193

자존심 203

재구성 임상척도 169

적대감 211

적대감 과잉통제 213

적대적 113

적응장애 122, 124

전통적 여성적 역할에 대한 거부 108

전환장애 86

정서적 불안정성 126

정서적 소외 158

정신운동 지체 143

정신증 174, 175, 227

정체감 222

조울증 126

조직화 117

조현병 110, 122

조현형 성격장애 122

주관적 우울감 143

주장성 95

중독 가능성 216

중독 인정 216

증상 타당도 척도 52

지배성 205

지속성 우울장애 83

직업적 곤란 197

ㅊ

청소년의 F 척도 52

청소년의 방황 51

츤데레 188

칭찬 88

ㅌ

타당도 37

타당성 26

통제 결여 174, 175, 227

통제감 205

퇴행 91

투사 113

투사적 검사 19

특이한 사고 122

특이한 사고 경향 121

특이한 지각 및 사고 경험 124

ㅍ

편집성 성격장애 110

편파적 114

평가 82

품행 문제 224

프로파일 해석 135

피상적인 사고 경향 92

피해의식 112, 154, 172

ㅎ

학교 문제 226

행동화 129

호기심 110

환각 122

환경에 대한 불만 95

환상으로의 도피 124

히스테리아 86

A

A 201, 228

A-aln 222

A-ang 224

A-anx 221

AAS 216

A-biz 223

ACK 228

A-con 224

A-cyn 224

A-dep 222

A-fam 226

AGGR 174, 227

A-hea 222

A-las 225

A-lse 225

ANG 186

ANX 180

A—obs 221

APS 216

A—sch 226

A—sod 226

ASP 190

A—trt 227

A유형 성격 191

A유형 행동 191

B

Big5 174

BIZ 185

C

CEO 97

CYN 187

D

D 82

D1 143

D2 143

D3 144

D4 144

D5 145

DEP 183

DISC 175, 227

Do 205

DSM—5 72

DSM—IV 72

E

Es 203

F

F 척도 42

F(B) 척도 45

F(P) 척도 47

F1 척도 52

F2 척도 52

FAM 196

FBS 척도 52

FRS 181

G

GF 217

GM 217

H

Harris-Lingoes 척도 142

HEA 184

Ho 211

Hs 73

Hy 86

Hy1 146

Hy2 146

Hy3 148

Hy4 148

Hy5 149

Hystrionic Personality Disorder 87

I

IMM 229

INTR 177, 228

K

K 척도 61

L

L 척도 53

LSE 193

M

Ma 126

Ma1 163

Ma2 164

Ma3 165

Ma4 165

MacAndrew의 알코올중독 214,

228

MAC-R 214, 228

MDS 210

Mf 102

MMPI(초판) 개발 24

MMPI-2 17

Mt 209

N

NEGE 176, 227

NEO-PI 174

O

OBS 182

O-H 213

P

Pa 110

Pa1 154

Pa2 155

Pa3 156

PAI 22

Pd 95

Pd1 150

Pd2 151

Pd3 152

Pd4 152

Pd5 153

PK 209

PRO 228

PSYC 175, 227

Pt 117

PTSD 51, 124

R

R 202, 228

RC1 170

RC2 171

RC3 171

RC4 172

RC6 172

RC7 172

RC8 173

RC9 173

RCd 170

Re 207

Rorschach 19

S

S 척도 65

Sc 121

Sc1 158

Sc2 158

Sc3 160

Sc4 160

Sc5 161

Sc6 162

SCT 89

Si 130

Si1 166

Si2 167

Si3 168

SOD 195

T

TPA 191

TRIN 척도 66

TRT 198

V

VRIN 척도 66

W

WRK 197

 **저자 소개**

성태훈(Sung Taehun)

고려대학교에서 학사, 석사를 거쳐 임상심리 전공 박사과정을 수료하였다. 삼성서울병원 정신건강의학과에서 3년간 임상심리 수련을 하였고, 임상심리 전문가(한국심리학회), 정신건강임상심리사 1급(보건복지부)을 취득한 이후에는 개인병원, 중소병원, 전문상담센터, 사회복지기관 등 여러 장면에서 심리평가를 담당하였다. 2009년 원주에서 지우심리상담센터를 개소한 이후에도 다수의 인근 기관과 협력관계를 유지하면서 수련감독자로서 심리평가를 지도감독하고 있다. 상담센터에서는 교육청, 학교, 기업, EAP업체, 도박센터, 법원, 보호관찰소 등 다양한 기관과 협약을 맺고 심리상담 및 평가를 실시하고 있으며, 심리평가 보고서 작성법뿐 아니라 정신병리, 심리치료 등에 대해서 자문, 강의, 저술 및 수퍼비전을 지속하고 있다. 또한 유튜브 '싸이파파의 느린성장연구소'를 통해 부모교육의 대중화에도 힘쓰고 있다. 주요 저서로는 『쉽게 풀어 쓴 로르샤하』(학지사, 2020), 『임상심리 수련생을 위한 종합심리평가 보고서 작성법 1』(2판, 학지사, 2019), 『임상심리 수련생을 위한 종합심리평가 보고서 작성법 2』(학지사, 2017)가 있다.

쉽게 풀어 쓴 MMPI-2/A
-해석상담 및 심리상담에서의 적용-
Easy MMPI-2/A
-Application to Interpretation and Counseling-

2022년 9월 30일 1판 1쇄 발행
2025년 1월 20일 1판 5쇄 발행

지은이 • 성 태 훈
펴낸이 • 김 진 환
펴낸곳 • (주) **학 지 사**

　　　　04031 서울특별시 마포구 양화로 15길 20 마인드월드빌딩 5층
대표전화 • 02) 330-5114　　팩스 • 02) 324-2345
등록번호 • 제313-2006-000265호

홈페이지 • http://www.hakjisa.co.kr
인스타그램 • https://www.instagram.com/hakjisabook

ISBN 978-89-997-2738-2 93180

정가 **15,000원**

출판미디어기업 **학 지 사**

간호보건의학출판 **학지사메디컬** www.hakjisamd.co.kr
심리검사연구소 **인싸이트** www.inpsyt.co.kr
학술논문서비스 **뉴논문** www.newnonmun.com
원격교육연수원 **카운피아** www.counpia.com
대학교재전자책플랫폼 **캠퍼스북** www.campusbook.co.kr